U0165943

公共事務

洞悉社會議題，汲取各國智庫

鄭博文 著

五南圖書出版公司 印行

推薦序：古源光校長

今年（2021）一月與三月，接獲鄭博文老師第二與第三本新書，對本校有一位願與大眾分享其學習心得成果同仁，深感與有榮焉。鄭老師新書與其第一本新書內容近似，全書有101篇短文近11萬字，是鄭老師近四年在各媒體發表過文章集結而成，全書內容計分住宅問題、台灣願景規劃、FTA、示範區、國土規劃、振興經濟與產業規劃、萊豬食安、新冠疫情回應、金融與房地產科技、長期照護、能源政策、觀光規劃、城市治理、高雄城市發展與兩岸治理等十五單元，各篇文章內容非常適合讓學生進行公共事務議題討論。

鄭老師秉持明朝大儒顧亭林先生「家事國事天下事，事事關心」精神，持續關心台灣的政經發展為文建言，展現本校老師善盡社會責任，在新冠疫情緊張之際，接獲鄭老師即將出版第四本新書，為文推薦以資鼓勵。

古源光

2021年夏於國立屏東大學

自 序

　　《公共事務》是個人第四本著作，內容與第一本《兩岸公共事務筆記》類似，是個人最近四年在中國時報、聯合報、工商時報、旺報、蘋果論壇、台灣公論報發表的文章，透過公共事務的議題分類，按發表時間序，集結而成。

　　唐朝貞觀年間名臣馬周，關心民眾疾苦，時引歷代經典內容，提出其對策（個人因為一時疏漏，在《兩岸公共事務筆記》中，將馬周誤植為魏徵，特為更正），是個人景仰與仿效對象；因此，個人對於台灣當前公共事務議題的見解，除採古人智慧外，更汲取各國智庫對各類公共事務的研究，希望透過這些建言，協助中央與地方政府治理，讓台灣這片土地的人民，能夠安居樂業。

　　本書內容計分住宅問題、台灣願景規劃、FTA、示範區、國土規劃、振興經濟與產業規劃、萊豬食安、新冠疫情回應、金融與房地產科技、長期照護、能源政策、觀光規劃、城市治理、高雄城市發展與兩岸治理等十五單元，各篇文章內容可供大專院校公共行政、都市計畫、地政等相關科系學生，作為輔助教材來進行課程討論。

　　宋代大儒張載「為天地立心，為生民立命，為往聖繼絕學，為萬世開太平」的四句話，道盡知識分子的責任，激勵個人近十多年來的筆耕，為的就是希望反映民眾的疾苦，將短文集結成書，則是希望留下紀錄，讓後學者能清楚明白這片土地的過往，而有所借鏡或避免重蹈覆轍。本書出版之際，特別要向中國時報、聯合報、工商時報、旺報、蘋果論壇、台灣公論報各媒體主筆與編輯表示謝意，因為有這些

公共事務

媒體對個人論述的抬愛，個人淺見方得以呈現在台灣民眾的眼前，也要感謝閱讀本書的所有讀者們。本書最後一哩，蒙大田精密工業股份有限公司李孔文董事長經費贊助，方能順利付印，僅此感謝。

鄭博文
2021年夏於國立屏東大學

目　次

一、住宅問題

1、打破1坪換1坪模式

　　昨日花蓮大地震造成花蓮地區多處民房倒塌，已有不少民眾殞命，這些悲劇一如當年921地震造成台北、新北房屋倒塌，或者是大前年除夕夜，台南大地震的維冠大樓倒塌。要避免倒塌悲劇一再重演，加速都更是當前政府的迫切施政，為何推動都市更新如此牛步？關鍵在許多住戶都有「1坪換1坪」的觀念，而不願再掏錢來重建自己的房子。

　　車子舊了，危險性增強，民眾就懂得花錢再買新車來代步，房子老了、舊了，花錢整建或重建更是天經地義，只要住戶願意分攤重建經費，政府從旁協助找建築師或相關非營利組織操作，就可避免土地價格被建商做帳而暴漲，但操作過程中，住戶間確實有付不起而反對的，也有一些不願意重建的住戶。但已通過的《都市危險及老舊建築物加速重建獎勵條例》與修法中的《都市更新條例》無法有效解決釘子戶問題，不妨參考《土地法》第34-1條的立法精神來解決釘子戶問題，讓都更能順利推動。

　　《土地法》第34-1條規定，共有土地或建築改良物，其處分、變更及設定地上權、農育權、不動產役權或典權，應以共有人過半數及其應有部分合計過半數之同意行之。但其應有部分合計逾2/3者，其人數不予計算。共有房屋改建與共有土地處分並無不同，因此個人建議，內政部或未來立法院能運用此法精神，對單一建物只要有2/3住戶同意即可改建，擺脫目前都市更新由建設公司掌控方式，改由住戶自主，但這一作法必須配合獎勵措施，方能奏效。

　　目前自辦都更，台北市與新北市有現金補助，台北是530萬元、新北280萬元，以案補助是有些激勵，給錢是刺激住戶最實在的誘

因。若住戶同意改建，建議政府給予每戶興建經費與房租補助，並由政府聘請重建建築師並支付設計監造費，重建費用扣除補助款後的不足額由銀行全額貸款，興建期間利息由政府負擔，完工交屋後，再由私人負擔計息，利息比照國宅低利貸款，相信危屋、老屋屋主會響應，都更的腳步就會加快，新屋防震能力高，悲劇就不會重演。

對不同意或無力負擔的都更住戶，也建議新屋完工後，一樣可以進住，其新屋由政府設定抵押權，等出售或繼承，再由政府收回重建差額費用，這種更新方式打破「1坪換1坪」的操作模式，全台都可通用，同時也創造出建設公司代建的工作，根本不會打擊建設公司業務，是可創造多贏局面。

2018年02月08日　中時新聞網

2、地產霸權，造就香港之亂

潘慧嫻2005年出版《*Land and the Ruling Class in Hong Kong*》（香港的土地與統治階層）一書，2010年譯成中文出版，名為《地產霸權》，一紙風行並引起多方討論。

書中敘述香港地產業運作與結構，描寫香港地產在數十年發展中，如何淪入被大地產財團壟斷的現狀。作者更認為「地產霸權」已拓展至公用事業及零售服務業，成為香港貧富懸殊、民怨沸騰的罪魁禍首。書中建議，香港政府應立即改善政策，不該再縱容地產財團壟斷各大行業，阻礙香港經濟發展。

香港經濟發展，在世界經濟論壇等組織的評比，一直處於前段，在亞太地區僅次於新加坡，目前國民所得突破人均5萬美元，高出南韓與台灣許多。照理講，香港民眾應以如此績效為榮，並支持港府，但從占中、反送中運動的激烈，可以發現香港民眾對港府的不滿。

個人認為，港府若能及時重視此書所陳述問題與建議事項，讓香港民眾不至於每天辛苦工作所得，都流入財團荷包，應了中國一句老話「無恆產無恆心」，心中無數不滿正好藉此機會訴求，如今社會不會如此不平。港府要察覺真正原因，方能使問題落幕。

籠屋是潘慧嫻痛訴香港最低層居民之痛。香港有些老街區、老樓房非常陳舊，房東把一些小房間裡的三層床鋪，一層床鋪用個籠子圍起來，當作一個房子出租。比如房間大概是20平方米，把它隔成一個個像火車硬臥一樣的床鋪，大約一張床大小空間，然後人就在裡面吃、睡、住，因為負擔不起一個比較寬敞的空間。作者當年說這種人有10萬人，目前可能數字更高，占中、反送中運動人潮，或許就能證明。

潘慧嫻認為，香港最深層次的社會及經濟問題，根源在香港政府

的土地制度及壟斷競爭政策缺失，導致土地壟斷、地產泡沫、官商勾結、貧富懸殊，造成社會不公義。

　　潘慧嫻主張民選政府才有能量推動這艱鉅的改革，但個人從台灣經驗認為是不可能，選舉結果只會製造一些新權貴，繼續勾結資本家來欺壓民眾。只有港府願意針對土地制度及壟斷競爭政策提出改革方案，並與財團徹底切割，同時商請中國大陸當局協助特區政府供應土地也不交由財團建設公共住宅，才能真正擺脫地產霸權，占中、反送中運動或許能平息。

2019年08月15日 聯合報

3、推動恆產恆心的住宅政策

香港近年來的兩次社會運動「占中」、「反送中」，個人基本上是認為香港青年對時局不滿，尤其是高房價、高房租，讓他們覺得一輩子做牛做馬是無法買房，無恆產恆心，覺得人生無望，假如香港政府的公屋政策能做到杜甫詩句「安得廣廈千萬間，大庇天下寒士俱歡顏」，個人認為這兩起運動是無從發生。

2014年3月18日，台灣發生太陽花運動，整個太陽花事件事後證明是民進黨利用校園學生出面反對馬英九政府的「海峽兩岸服務貿易協議」，由於當時馬政府一直飽受民進黨不斷杯葛而一事無成，遂點燃社會不滿情緒，這些不滿情緒，基本上表現反應當時的高房價低薪資情境，讓當時青年感受前途無望，民進黨與第三勢力政治人物看準此一問題，在2014年縣市長九合一大選，柯文哲、鄭文燦、林佳龍等人紛紛提出興建社會住宅政見，來化解青年對購屋壓力的不滿，蔡英文甚至在2016年總統大選提出「8年20萬戶」社會住宅政見，確實打動當時青年與社會大眾，讓民進黨與第三勢力贏得2014年縣市長選舉與2016年總統大選。

2018年縣市長九合一大選，高房價低薪資依然不變，柯文哲因選務作業失能而勉強過關，與林佳龍等落馬要連任的民進黨縣市長的主因在推動社會住宅不力，蔡總統的「8年20萬戶」社會住宅政見，個人到目前為止也看不到有何剪綵落成儀式來大書特書政績，代表應該沒有完成1戶，顯示我們現在的中央與地方政府推動社會或公共住宅建設，出現偏差或方向錯誤，蔡總統若無及時補強，恐怕會非常吃力來辯護自己的政見。

民國78年（1989），台灣民眾也曾對高房價發出怒吼，發動上

萬人夜宿當年台北市最熱鬧頂好超市的忠孝東路，逼得當時李登輝總統做出「6萬元1坪國宅」政策，同時交由台糖公司執行，迅速興建一批住宅，也很快銷售完成。在此期間，民營建設公司，因無法出清房屋與土地倒閉不少，哀鴻遍野，急忙發動立委遊說李總統不要興建公共住宅，改採利息補貼，這一政策轉向，讓高房價問題更變本加厲，延續至今。

「6萬元1坪國宅」在現實環境是不可能，但推1坪在10～20萬元的公共住宅，個人認為仍有可能，只要政府願意拿出土地，就能解決，個人要點出政府出面蓋公宅，基本上是不會影響民間建設公司生存，反而是在創造民間公司業績，政府出地包括市地重劃抵費地、區段徵收抵價地，如此地價就不會因政府標售而被炒作，民間公司則按基地大小提出建案規劃並由政府與民間一起會商新房價，並交由民間公司銷售與維護管理。此類住宅因價格低，原住戶要規定不能自由買賣，只能由政府買回，個人深信此種公宅興建方式可以嚇阻建設公司炒房，讓民眾不再覺得買房無望，成家無望，有恆產才會有恆心，社會有恆心，民眾才有希望與信心，青年有希望與信心，才會努力打拚，經濟就能健康發展，香港「占中」、「反送中」等類似事件就不會發生，社會自然就能和諧穩定，這種興建方式本質上仍屬公私合夥關係（PPP, Public Private Partnerships），政府出地，民間出人與出錢，個人相信這種方式持續推動5、6年，房價就不會像目前由建商任意喊價，增加人民購屋痛苦壓力與不滿。

2019年08月22日 工商時報

4、朝野對高房價、高房租問題都不及格

很遺憾2020年大選，朝野總統候選人都漠視高房價與高房租問題，蔡總統仍持續其「8年20萬戶」社會住宅，這項住宅政策若有成效，2018年的九合一大選就不會大敗，韓國瑜提出「青銀共居」的住宅政策，更對高房價高房租問題是不痛不癢，凸顯對住宅問題的無知，無視台灣人民，尤其是北部都會區高房價與高房租之苦。

個人觀察各國是採用世界銀行，亞洲開發銀行推薦的PPP制度興建社會住宅，來滿足人民居住需求，但要解決房價房租不合理的飆漲，就得回歸到國父孫中山先生的「漲價歸公」。

國父孫中山先生鑑於西方工業革命後都市快速成長，地價、房價高漲，讓貧民無立錐之地，流落街頭，孫中山先生因此整合東西方房地產問題，手創「平均地權、漲價歸公」主張，中華民國制憲時也將此主張入憲，目前「土地增值稅」徵收的法源在此。

民國91年陳水扁總統執政時，為救當時不動產交易低迷狀況，修正《平均地權條例》第40條及《土地稅法》第33條，將土地增值稅減半徵收，為期2年。更於民國93年再延1年，但這些修正屬暫行措施，因此再於民國94年將原40%、50%、60%之稅率修訂為20%、30%、40%。

民國91到94年3年救市在政策上是救市有功，但民國91至107年16年來如此低的土地增值稅，讓土地增值漲價歸私，就是讓全民忙著炒房的元兇，16年的土地增值稅稽徵1兆2,705億元，由於減半等同國家少了1兆2,705億元稅收，全部流入炒客口袋，台灣地區房屋仲介店數目在全盛期比便利商店多，代表房地產投資好賺，完全歸功在陳水扁的修法與馬英九上任漠視孫中山先生「平均地權、漲價歸公」主

張，因此將土地增值稅稅率回復40%、50%、60%，一方面可以杜絕炒客吵翻天，另一方面可以增加國家財政收入，尤其是目前的實價登錄制度對漲價歸公推動十分有利，代表國民黨的韓國瑜是可以來重新擦亮國民黨「平均地權、漲價歸公」招牌。

漲價歸公後，房價就可能抑制再飆，當政府因增值稅有更多收入，更可大力運用PPP制度來興建公共住宅，就能徹底解決高房價與高房租問題，青年的住宅問題核心是在高房價高房租，高房價讓年輕人買不起，高房價個人認為只要政府運用PPP制度，願意拿出土地，就能解決。

個人要點出政府出面蓋公宅，基本上是不會影響民間建設公司生存，反而是在創造民間公司業績，政府出地包括市地重劃抵費地、區段徵收抵價地，如此地價就不會因政府標售而被炒作，民間公司則按基地大小提出建案規劃並由政府與民間一起會商新房價，並交由民間公司銷售與維護管理，此類住宅價格低，要規定原住戶不能自由買賣，只能由政府買回，斷絕炒房暴利。

高房租讓低薪族生活壓力大，高房租個人則建議政府也是用PPP制度蓋社會住宅，政府除需要提供大量土地外，同時也要將土地租金設為零，如此才能降低建商或其他組織興建投資成本，未來社會住宅的房租才有下調空間，低收入民眾才住得起。

2019年12月09日　蘋果日報

5、沒有漲價歸公，就沒有居住正義

　　2003年台灣SARS疫情重創台灣經濟，包括房地產；但2020年新冠肺炎疫情對台灣經濟是有影響，而房地產卻絲毫不受影響，反而不斷上漲，讓升斗小民與年輕人因疫情收入不佳，更望屋興嘆。個人認為當前房價不斷上升是因房地產稅制錯誤導致，沒有漲價歸公，哪來居住正義。

　　憲法第142條規定：「實施平均地權，節制資本」；而平均地權土地政策四大政策：規定地價、照價徵稅、照價收買及漲價歸公，也在憲法第143條明文規定，其中漲價歸公規定「土地價值非因施以勞力資本增加者，應由國家徵收土地增值稅，歸人民共享之」。

　　土地增值稅是一種機會稅，有交易才會課徵，2002年陳水扁總統執政時為救當時不動產交易低迷狀況，將土地增值稅減半徵收，為期2年，更於2004年再延1年，再於2005年將原40%、50%、60%之稅率修訂為20%、30%、40%。

　　個人曾計算2002至2018年17年來，土地增值稅為1兆2,705億元，由於減半等同國家少了1兆2,705億元稅收，這1兆2,705億的全民繁榮成果進入私人口袋，這就是近18年來，全民忙炒房地，貧富差距擴大的主因。

　　財政部不思回復原來40%、50%、60%之稅率，而改用房地產交易稅來打擊房地產暴利，從目前房價仍然飆漲，已證明房地產交易稅是錯誤政策。

　　目前政府已做到房地產交易實價登錄，是有條件實現國父孫中山先生的漲價歸公理想，課徵房地合一交易所得稅是多餘的。建議土地增值稅採房地產總價扣除房屋現值來課徵，個人傾向恢復土地增值稅

舊制40%、50%、60%稅率即可掌握漲價歸公，或能再加到80%，將更有效杜絕房地產炒作，同時取消房地合一交易所得稅，改將扣除漲價歸公的交易餘額，列入當年或來年所得，課徵所得稅，此舉將可遏止目前房地產投機風氣。

前幾年，中研院的租稅改革建議研究中，提出房屋持有稅比小客車牌照稅低的不合理現象，引爆目前房屋稅與地價稅偏低，讓炒客與包租客橫行，欺壓經濟弱勢族群。

為遏制這種不義現象，個人認為房屋稅與地價稅合一成房地產稅，並規定最少稅額，可避免目前房屋因折舊而免徵，完全依實價登錄價格計算房地產稅，持有一戶者其稅率為2‰，持有第二戶則為1%，第三戶為2%，以此類推，超過第六戶以上都以5%計算房地產稅，如此將可增加炒客與包租客買房的持有成本，可能有助遏止炒房投機。

個人呼籲國人與政府不要忘記國父孫中山先生以及眾多制憲先賢的「平均地權」與「漲價歸公」立國精神，下定決心糾正當前不義的房地產稅制，讓房地產無利可圖，才是解決人民居住正義問題的核心。

2020年10月19日 聯合報

6、人民買不起，抵制房價五策

　　11月11日是中華民國地政節、11月12日是國父孫中山先生誕辰紀念日，在這兩個節日前夕，看到台灣房價不斷地飆漲，不禁想起詩聖杜甫「安得廣廈千萬間，大庇天下寒士俱歡顏」的經典詩詞，難道無法安居，會一直成為人民的宿命嗎？

　　也委實愧對孫中山先生手創「平均地權、漲價歸公」以及台灣地政界前輩們的土地改革所帶給台灣經濟發展的成果，個人認為2002年地土地增值稅修改已種下台灣近20年地價、房價不停高漲，讓台灣許多資本家不願投入研發，以致台灣經濟無法順利轉型，因此呼籲朝野要儘速提出抑制房價對策，個人不敏提出抑制房價五策，希望人民有買得起、住得起的安全住宅，以及台灣經濟正常發展。

　　個人第一項主張在政府要積極供應公有住宅，方法是運用PPP制度來興建公共住宅，由政府出面提供土地蓋公宅，個人認為此舉不會影響民間建設公司生存，反而是在創造民間公司業績，政府出地包括市地重劃抵費地、區段徵收抵價地，如此地價就不會因政府標售而被炒作，民間公司則按基地大小，提出建案規劃並由政府與民間一起會商新房價，並交由民間公司銷售與維護管理，此類住宅因價格低，要規定原住戶不能自由買賣，只能由政府買回，斷絕炒房暴利。

　　第二項主張在恢復舊土地增值稅稅率，目前土地增值稅率為20%、30%、40%，較舊制40%、50%、60%減少一半，民國91至107年16年在如此低的土地增值稅，讓土地增值漲價歸私，就是讓全民忙著炒房的元兇，16年的土地增值稅稽徵1兆2,705億元，由於減半等同國家少了1兆2,705億元稅收，因此將土地增值稅稅率回復40%、50%、60%，一方面可以杜絕炒客吵翻天，另一方面可以增加國家財

政收入，尤其是目前的實價登錄制度，加上大數據技術地突破，非常有利推動漲價歸公。

第三項主張在整併房屋稅與地價稅為房地產稅，來加重持有成本。前幾年，中研院的租稅改革建議研究中，提出房屋持有稅比小客車牌照稅低的不合理現象，引爆目前房屋稅與地價稅偏低，讓炒客與包租客橫行，欺壓經濟弱勢族群，為遏制這種不義現象，個人認為房屋稅與地價稅合一成房地產稅，並規定最少稅額，可避免目前房屋因折舊而免徵，完全依實價登錄價格計算房地產稅，持有一戶者其稅率為2‰，持有第二戶則為1%，第三戶為2%，以此類推，超過第六戶以上都以5%計算房地產稅，如此將可增加炒客與包租客買房持有成本。

第四項主張在落實執行實價登錄制度，地政機關可透過銀行貸款資料與當年申報人的所得資料，來勾稽實價登錄資料是否屬實，虛報者絕不寬貸，房地產價格正確時，絕對有利推動第二、第三項主張。

第五項主張是落實執行選擇性信用管制，在低利率時代，資金寬鬆，銀行房貸量不斷攀升，與多數民眾買不起形成強烈對比，質疑銀行資金在幫有錢人炒房，因此財政部、金管會、中央銀行應聯合分工加強各銀行房貸資料檢查，對炒房如多人合購一屋或一人買多屋或持有多屋仍繼續買房，都可要求不給予貸款，少了資金供應或許可抑制一些投機買賣，讓房價穩定。

五項策略若能同步執行，個人深信房價不合理的飆漲是可以遏止，端看朝野要不要攜手合作決心執行，有良策無決心實施會是惘然一場，讓人民繼續承受買房之苦。

2020年11月11日 蘋果日報

7、防震災，如何加速為老房屋重建

　　日前全台有感大地震，對大台北地區民眾是虛驚一場，畢竟全球許多地震發生時，都重創不少城市，造成這些城市房屋倒塌，讓不少民眾罹難，不禁令人想起前幾年小年夜的高雄美濃地震，對台南地區造成嚴重傷亡，其中維冠大樓死亡人數高達115人，由於這些血的教訓，喚起國人與政府部門重視老舊房屋的耐震與都市更新，但推動都市更新的牛步化，不禁擔心倘若一個大地震降臨大台北地區，大台北城市會不會像過往許多城市一樣，房屋倒塌與民眾罹難，為了防範震災，大台北地區有必要加速房屋重建。

　　都市更新的牛步化已受到不少媒體批評，為何會推動都市更新的牛步化，個人認為最大關鍵在許多現住戶都有「1坪換1坪」觀念，而不願拿錢來重建自己的房子，而這個觀念來自政府目前各種獎勵措施，讓建商包裝而成，其實「1坪換1坪」原住戶還是要付出代價，原有持分土地可能減少一半或更多，真的沒有白吃的午餐。

　　講實在話，車子舊了、危險性增強，民眾就懂得花錢再買新車來代步，房子老了、舊了，花錢整建或重建更是天經地義的道理，實在沒有必要讓建商介入用「1坪換1坪」來操作，只要住戶願意攤重建經費，政府從旁協助找建築師或相關非營利組織就可以操作，可避免土地價格被建商做帳而暴漲，但操作過程中，住戶間確實有付不起而反對，也有一些不考慮有倒塌風險而不願意重建的住戶，釘子戶還是有可能產生，《都市危險及老舊建築物加速重建獎勵條例》與《都市更新條例》至今仍然無法有效解決釘子戶問題，因此個人建議不妨參考《土地法》第34-1條立法精神，來解決釘子戶。

　　現行《土地法》第34-1條規定，共有土地或建築改良物，其處

分、變更及設定地上權、農育權、不動產役權或典權，應以共有人過半數及其應有部分合計過半數之同意行之。但其應有部分合計逾2/3者，其人數不予計算。共有房屋改建與共有土地處分並無不同，因此個人建議內政部或未來立法院能運用此法精神，對單一建物只要有2/3住戶同意即可改建，可擺脫目前都市更新由建設公司掌控方式，由住戶自主，但這一作法是要搭配給人與給錢獎勵措施，方能奏效。

給人是由政府找建築師來協助住戶重建，其費用由政府負擔，給錢是政府補助重建後搬遷租金，最多2年，同時提供重建費用貸款，從目前建造成本1坪約10～15萬元，30坪房屋造價在300～450萬元間，即使給全額450萬元，也比一般房貸為少，對不同意或無力負擔更新住戶提供居住權益保障，新屋完工後，住戶一樣可以進住，其新屋由政府設定抵押權，出售或繼承再由政府收回重建差額費用，這種更新方式可讓大台北蛋黃區民眾哀號無力在蛋黃區買新房，只要自己願意貸款重建費用，就有新屋可住，重建費用可能比買新屋總價少很多，此刻新屋的防震能力鐵定比老房高，民眾自然不會害怕震災，能安心過日子。

2020年12月14日 蘋果日報

8、【不像社宅的社宅】
土地租金設定為零，讓底層民眾住得起

　　台北市政府近期推出一批出租型社會住宅，一房型有14、16、20等三種坪數，租金分別為1萬2,900元、1萬4,700元、1萬8,400元；二房型坪數為27坪，租金為2萬4,800元；3房型坪數為44坪，租金為4萬500元，引發各界討論，認為如此高的租金並不是中低收入市民或青年所能負擔，台北市推出此案，實在有違社宅建築的使命。

　　個人從2019年台北市家庭收支訪問調查報告，台北市民每戶家庭消費支出中，住宅支出占比為26.55%，可換算出每戶住宅支出為30萬5,989元，就每戶平均所得142萬2,400元，占比為21.5%。

　　可再細察中低收入戶，每戶住戶住宅支出為25萬4,776元，家戶平均所得為91萬4,185元，占比為27.8%。而二房型租金每年為29萬6,600元，三房型租金每年為48萬6,000元，就可看到許多台北市民市住不起三房型社宅，中低收入戶連二房型也住不起。

　　再依據2019年台北市家庭收支訪問調查報告資料，推算台北市民平均所得為47萬4,133元，但中低收入則為30萬4,748元，而一房型年租金分別為15萬4,800、17萬6,000、22萬800元，中低收單身市民其租金所得比為分別為50.8%、57.8%、72.5%；一般單身市民則為32.6%、37.1%、46.6%，單身租金所得比遠遠超過一般家戶的21.5%或中低戶的27.8%，也已超出一般公認房屋支出不要超過1/3許多，因此台北市許多單身市民只能望屋興嘆。

　　台北市為何會訂出如此離譜地社會住宅租金價格，個人認為是受《促進民間參與公共建設法》（《促參法》）影響，台灣的《促參

法》，基本上就是PPP制度，爲何《促參法》無法像國外PPP制度有效提供社會住宅。

我們《促參法》起源《獎勵民間參與交通建設條例》，非常近似英國的PFI（Private Finance Initiative，民間融資提案制度），但局限在交通建設，爲擴大更多民間資源投入公共服務提供，再新訂促進民間參與公共建設法，大巨蛋、高鐵、101大樓都是台灣PPP制度的產物，馬政府時代就運用PPP（公私合夥關係）制度進行合宜住宅興建，是蓋出少量合宜住宅，但人謀不贓，浮州合宜住宅居然出現嚴重品質問題，再加上招標過程有高階官員受賄，就可清楚看到台灣PPP制度仍有許多改善空間，社會住宅租金價格偏高也是其中之一，其癥結在政府不肯將土地租金設定爲零，這也是北市府與內政部互相指責的原因，中央不修法，地方官員不敢將土地租金設定爲零。

目前新北、台北、桃園、台中都有一些社會住宅的推動，也是依《促參法》進行，但蓋出的住宅設算租金都要超出萬元以上，不是底層民眾的收入所能負擔，前幾年新北大火的無良房東的租金2,000元，讓底層民眾趨之若鶩，因此蓋出的社會住宅一定要讓民眾住得起才有意義，目前的作法絕無機會。

個人建議政府，將現行PPP制度修法要蓋社會住宅時，土地零租金處理即造價不計地價成本，同時提供大量公有土地，如此才能降低建商或其他組織興建投資成本，未來社會住宅才會讓底層民眾租得起，否則12萬戶社會住宅即使蓋出來，就會像目前台北市明倫社宅一樣，低收入民眾住不起，完全喪失社會住宅的興建意義。

2020年12月23日 蘋果日報

9、修房地產稅法，阻炒房

　　立法院在2020年12月30日三讀通過「平均地權條例」、「地政士法」及「不動產經紀業管理條例」等實價登錄三法來落實實價登錄2.0。新實價登錄制度施行後，可促進不動產交易資訊更透明、即時、正確，並糾正目前預售屋不當交易炒作，但個人認為若不修改目前土地增值稅、地價稅、房屋稅等相關稅法，仍無法遏阻民眾炒房之心。

　　根據財政部統計，房地合一稅實施後，2016年交易量為2,790件，2021年則增加至5,878件，增幅達一倍；而房地合一稅額從2017年的11.9億元、2018年的27.9億元，2019年60.5億元；2020年前十月房地合一稅稅額（個人）為83.88億元，已超越2019年全年的稅額；但比起2017至2019三個年度的土地增值稅都超過900億，根本無法相比，讓人看到財政部主導的房地合一稅是抓小放大，根本沒有效能，助長漲價歸私。

　　從房地合一稅交易案件量逐年增長與課稅金額遠不如土地增值稅減半金額，可看到房地合一稅政策失靈，遏止不了有資金人的炒房投資需求。建議財政部還是會同內政部共同修法，回復土地增值稅40%、50%、60%之稅率，方能做到漲價歸公，導正房屋是用來「住」而不是「炒」。

　　目前土地增值稅率為20%、30%、40%，較舊制減少一半，民國91至109年19年在如此低的土地增值稅下，讓土地增值漲價歸私，就是讓全民忙著炒房的元兇。19年的土地增值稅稽徵1兆4,520億元，由於減半等同國家少了1兆4,520億元稅收，因此將土地增值稅稅率回復40%、50%、60%，一方面可以杜絕炒客炒翻天，另一方面可以增加國家財政收入。個人認為新版實價登錄制度，加上妥善運用大數據技

術，非常有利推動漲價歸公。

　　前幾年，中研院的租稅改革建議研究中提出，房屋持有稅比小客車牌照稅低的不合理現象，引爆目前房屋稅與地價稅偏低，讓炒客與包租客橫行，欺壓經濟弱勢族群。為遏制這種不義現象，個人認為房屋稅與地價稅合一成房地產稅，並規定最少稅額，可避免目前房屋因折舊而免徵，完全依實價登錄價格來計算房地產稅，持有一戶者其稅率為2‰，持有第二戶則為1%，第三戶為2%，以此類推，超過第六戶以上都以5%計算房地產稅，如此將可增加炒客與包租客買房持有成本。

　　要落實居住正義，政府若不修改這些稅法，其他的措施只能治標不治本，馬政府的打房徒勞無功，不就是一項明證？盼望財政部趁著實價登錄2.0新制上路，趕快會同內政部一起修法，導正民眾不當炒房。

2021年01月12日 聯合報

10、沒有完善住宅政策，當然房價會不停地飆漲

　　40年前，我在台北就學時，台北的房價與高雄只相差5萬元，目前台北的房價與高雄則相差五倍，看40年房地產市場，目前高房價與高房租是政府縱容出來的，政府始終沒有一套行遠自邇的住宅政策，當房價飆漲，人民發個聲，政府就出面打打房，過去李登輝總統如此，馬英九總統如此，蔡英文總統更如此，40年來房價打一下就跌一下，政府一不經心，又開始飆，愈飆愈不合理，人民購屋痛苦始終如一。

　　李登輝總統任期間，台灣發生最大住宅運動—無殼蝸牛，當時台北房價1坪20萬元，加上房貸利率10%左右，讓民眾購屋痛苦不堪，民眾發出怒吼，有5萬人夜宿台北忠孝東路，李登輝總統不得不推出「6萬元1坪國宅」政策來紓解民怨，確實蓋出幾批國宅，頓時讓房價腰斬，於是營建業掀起倒店潮，打房價是有成功，但李登輝總統為德不卒，接受建商遊說，停止「6萬元1坪國宅」政策，改採提供低利貸款政策，蓋住宅一事完全交由民間，最大理由是民間蓋房有效率，政府完全棄守興建國宅，讓整個打房政策，無功而退，房價又回原來水準，由於房貸資金充分供應，民眾因低利率房價，忘了無殼蝸牛運動時的房貸壓力之苦，建商因資金充沛，住宅也愈蓋愈多，種下近20年房價任由建商不停地叫漲。

　　陳水扁是四位民選總統唯一沒有提出打房政策，也沒有興建國宅，任內為救SARS期間房地產業慘況，修改平均地權條例，將土地增值稅減半，房市是有救到，但未及時將法規改回，沿用至今，讓國家無法做到漲價歸公，19年來歲入少收1兆4,520億元，這就是房市近20年一片欣欣向榮的主因，投資房地產比任何產業都獲利多多。

　　馬英九政府提出實價登錄與奢侈稅、房地合一稅與合宜住宅等打

房政策，但爲德不卒，仍未糾正陳水扁土地增值稅減半政策，打房政策雷聲大雨點小，從目前房價不斷攀升，就可證明其奢侈稅、房地合一稅與合宜住宅是沒有成效的。

蔡政府近期也開始打房，日前中央銀行總裁楊金龍鑑於9月底全體銀行不動產貸款占總放款比重爲35.8%，接近歷史高點之37.9%，無預警宣布祭出打房措施，是繼行政院在12月3日提出「九大方案」來打炒房又一重拳，個人認爲不管「九大方案」或中央銀行新措施，在短期內是可以稍微遏止房價飆漲，讓炒房客暫時卻步，但若從長期投資報酬來看，房地產投資比其他投資還是高很多，「九大方案」或央行新措施，如同奢侈稅或房地合一稅政策，沒有對炒房需求對症下藥，短期可以遏止炒房，但只要炒客口袋夠深，「九大方案」或央行新措施還是會過去，畢竟在低利率時代，若無法斷絕房地產投資暴利，是無法阻止房價繼續往上飆。

因此，個人認爲完善住宅政策首在回復漲價歸公，沒有修改土地增值稅減半政策，是無法斷絕建商與炒客炒房，其次是政府是大量興建公宅，由政府提供大量公有土地，包括抵價地、抵費地來興建公共住宅，住宅興建可運用PPP制度，讓蓋房如同民間公司一樣有效率，如此建商就不能任意操縱房價，而蓋房資金可妥善運用漲價歸公收入與銀行房貸資金，漲價歸公與有效興建公宅是目前住宅政策最不足的地方，倘若政府願意補強現有住宅政策，個人認爲還是有機會解決高房價與高房租民怨問題。

2021年01月25日 台灣公論報

11、莫忘國父孫中山先生「平均地權、漲價歸公」理想

　　3月12日是國父孫中山先生逝世紀念日，看到日前內政部公布全國共有794.9萬戶住宅，持有四戶以上的擁房大戶（含自然人及法人），掌握全台78.2萬戶住宅，約為台灣住宅總量的一成左右。在自然人部分，約有8.1萬人擁有四房以上，合計擁有44.1萬戶住宅，1.3萬個法人擁四房以上，合計擁有34.1萬戶住宅，就是這些少數人在操作房地產市場，讓房價飆漲。國父孫中山先生100多年前鑑於西方工業革命後，都市快速成長，地價、房價高漲，讓貧民無立錐之地，流落街頭，整合東西方房地產問題，手創「平均地權、漲價歸公」主張，中華民國制憲時，也將此主張入憲，但房價一再飆漲，只有證明政府從來沒有落實孫中山先生理想，真是愧對國父。

　　陳水扁執政時，將土地增值稅稅率從40%、50%、60%修訂為20%、30%、40%，是開啟台灣房地產產飆漲的主因，馬政府時代的「奢侈稅」與「房地合一稅」證明短時間內有壓制房價與交易量，但無助房價飆漲，因此個人主張「居住正義三箭」來實現孫中山先生理想。

　　個人建議第一箭是財政部還是會同內政部共同修法回復土地增值稅40%、50%、60%之稅率，方能做到漲價歸公，導正房屋是用來「住」而不是「炒」，而第二箭則是同時藉實價登錄2.0，將房屋稅與地價稅合一成房地產稅，並規定最少稅額，可避免目前房屋因折舊而免徵，完全依實價登錄價格計算房地產稅，持有一戶者，其稅率為2‰，持有第二戶則為1%，第三戶為2%，以此類推，超過第六戶以上都以5%計算房地產稅，如此將可增加炒客與包租客買房持有成

本，藉由修改稅法，抑制不當投資惡風。

回復漲價歸公與增加房地產持有成本後，政府若不大量興建公宅，住宅市場的定價權，仍然操縱在建商手上，房價還是有再飆可能，因此第三箭為政府可妥善運用漲價歸公收入並大力運用PPP制度來興建公共住宅，徹底解決高房價與高房租問題。高房價讓年輕人買不起，高房價，只要政府運用PPP制度願意拿出土地，就能解決，個人要點出政府出面蓋公宅，基本上是不會影響民間建設公司生存，反而是在創造民間公司業績，政府出地，包括市地重劃抵費地、區段徵收抵價地，如此地價就不會因政府標售而被炒作，民間公司則按基地大小提出建案規劃並由政府與民間一起會商新房價，並交由民間公司銷售與維護管理，此類住宅因價格低，申購住戶要規定不能自由買賣，只能由政府買回，斷絕炒房暴利。高房租讓低薪族生活壓力大，高房租，則建議政府也是用PPP制度蓋社會住宅，政府除需要提供大量土地外，同時也要將土地租金設為零，如此才能降低建商或其他組織興建投資成本，未來社會住宅的房租才有下調空間，低收入民眾才住得起，只有漲價歸公、增加房地產持有成本、大量興建公宅，三箭齊發，才能彰顯居住正義，也落實「平均地權、漲價歸公」主張。

2021年03月25日 台灣公論報

12、修改稅法兼顧打房與充實地方財源

　　2020年行政院在12月3日提出「九大方案」來打炒房，中央銀行總裁楊金龍在12月7日有鑑於9月底全體銀行不動產貸款占總放款比重為35.8%，接近歷史高點之37.9%，也無預警宣布祭出打房措施，立法院更在12月30日三讀通過「平均地權條例」、「地政士法」及「不動產經紀業管理條例」等實價登錄三法來落實實價登錄2.0，但這三道重拳，若沒有修改土地增值稅、房屋稅與地價稅等稅法，短期是可以遏止炒房，在低利率時代可能無法阻止房價繼續往上飆，只要炒客口袋夠深，「九大方案」或央行新措施還是會過去。

　　從財政部統計，房地合一稅實施後，2016年的2,790件，今年則增加至5,878件，增幅達1倍；而房地合一稅額從2017年的11.9億元、2018年的27.9億元，2019年60.5億元；今年前10月房地合一稅稅額（個人）為83.88億元，已超越去年全年的60.5億元，比起2017～2019三個年度的土地增值稅都超過900億，是無法相比，讓人看到財政部主導的房地合一稅是抓小放大，根本沒有效能，助長漲價歸私。從房地合一稅交易案件量逐年增長與課稅金額遠不如土地增值稅減半金額，可以看到房地合一稅政策失靈，根本遏止不了有資金人的炒房投資需求，個人建議財政部還是會同內政部共同修法回復土地增值稅40%、50%、60%之稅率，方能做到漲價歸公，導正房屋是用來「住」而不適「炒」。

　　2002年陳水扁總統執政時，為救當時不動產交易低迷狀況，修正平均地權條例第40條及土地稅法第33條，將土地增值稅減半徵收，為期2年。更於2004年再延1年，但這些修正屬暫行措施，因此再於2005年將原40%、50%、60%之稅率修訂為20%、30%、40%。

2002到2005三年在政策上是救市有功，但2002至2020年19年來如此低的土地增值稅，讓土地增值漲價歸私，這就是讓有資金的人忙著炒房的元兇，從財政部統計資料可知，19年的土地增值稅總共稽徵1兆4,520億元。由於減半徵收等同台灣地方政府少了1兆4,520億元。這1兆4,520億元流入建商與炒客口袋中，台灣所得分配惡化，貧富差距拉大，有一部分原因來自於此，更糟的是，房價不斷飆漲讓年輕人失去信心買房，喪失鬥志，會讓台灣經濟停滯，新制實價登錄2.0，可讓政府完全掌握房地產現值，扣除房屋現值後，就可算出土地現值，非常有利政府落實漲價歸公。

前幾年，中研院的租稅改革建議研究中，提出房屋持有稅比小客車牌照稅低的不合理現象，引爆目前房屋稅與地價稅偏低，讓炒客與包租客橫行，欺壓經濟弱勢群，為遏制這種不義現象，個人認為房屋稅與地價稅合一成房地產稅，並規定最少稅額，可避免目前房屋因折舊而免徵，完全依實價登錄價格計算房地產稅，持有一戶者，其稅率為2‰，持有第二戶為1%，第三戶為2%，以此類推，超過第六戶以上都以5%計算房地產稅，如此將可增加炒客與包租客買房持有成本。

個人認為這些稅法修改，將可遏止民眾不當炒房，房價也比較不會不合理飆漲，除此之外，這些稅法的修改都屬地方稅，會有助地方政府財源籌措，期待台灣地方政府要覺醒，聯合起來向中央政府反映要修法。

2021年04月01日 屏東財稅

13、抓小放大，房價飆漲誰之過

日前三位央行前、現任理事合著新書《致富的特權：二十年來我們爲央行政策付出的代價》，直陳台灣低利率的寬鬆貨幣政策，助長台灣的高房價。但個人認爲土地增值稅從2002年開始的減半增收才是房地產價格不斷飆升的元凶。

目前土地增值稅率爲20%、30%、40%，較舊制40%、50%、60%減半，從2002至2020年19年間，稽徵土地增值稅爲1兆4,520億元，由於減半等同國家少了1兆4,520億元稅收，每年少800億稅收，都流入私人口袋，讓人民以炒房爲榮，可獲暴利，更讓資本家不事生產與創新，造成台灣經濟只靠一家台積電。

立法院近期通過房地合一稅2.0，炒家只要口袋夠深，5年絕對可以捱過，因此個人不看好房地合一稅修法。此外，從財政部統計房地合一稅的績效遠不如土地增值稅，2018年爲14.9億元、2019年爲60.49億元，2020年前10月爲83.88億元，對照每年平均少收的土地增值稅800億，眞的是無法相比，讓人看到財政部主導的房地合一稅是抓小放大，沒有效能，助長漲價歸私，更讓口袋夠深的少數人依然將房地產視爲投資理財標的，高房價繼續存在。

房地合一稅2.0版無法遏止房價繼續飆升，也讓個人看到在野的中國國民黨一代不如一代，附和民進黨主張，忘記孫中山先生的「漲價歸公」。從目前地房價飆升狀況，可看到奢侈稅與房地合一稅只能短期壓制房價飆升。

新版實價登錄，政府可掌握眞實房地價格，妥善運用大數據，有利推動台灣獨特的漲價歸公，國民黨應大力主張修法回復土地增值稅40%、50%、60%之稅率，做到漲價歸公，讓年輕人理解孫中山先生

的高瞻遠矚，導正房屋是用來「住」而不是「炒」，使年輕人能成家立業。

　　台灣目前房地產稅分立，房屋稅依據房屋稅條例課徵、地價稅則依據土地稅法課徵，政府應趁實價登錄2.0上路之際，修法將房屋稅與地價稅合一成房地產稅，並規定最少稅額，可避免目前房屋因折舊而免徵，全依實價登錄價格計算房地產稅，並順勢推出囤房稅，才能做到持有成本增加，消除民眾投資需求，才能避免房價繼續飆漲。

2021年04月13日 台灣公論報

14、房地合一稅2.0版無法遏止炒客

　　日前行政院通過房地合一稅修法，希望藉由房地合一稅2.0版，來遏止炒房，實現居住正義，從目前地修法內容來看，修正內容是針對預售屋炒作來因應，因此短期間，這項修正對房地產的價量是會產生一定影響，但不針對日前內政部公布全國共有794.9萬戶住宅，持有四戶以上的擁房大戶（含自然人及法人），掌握全台78.2萬戶住宅，約為台灣住宅總量的一成左右。在自然人部分，約有8.1萬人擁有四房以上，合計擁有44.1萬戶住宅，1.3萬個法人擁四房以上，合計擁有34.1萬戶住宅課徵囤房稅，是無法解決這些少數人將房地產視為投資理財標的，房價長期來說，當然會繼續飆漲，居住正義始終成為人民的幻想。

　　行政院通過的房地合一稅2.0版，增加內容有點像馬政府時代的奢侈稅，炒家只要口袋夠深，5年絕對可以捱過，因此個人不看好此次修法，除此之外，從財政部統計房地合一稅的績效遠不如土地增值稅，2016年為12億元、2018年為14.9億元、2019年為64.49億元，2020年前10月房地合一稅稅額（個人）為83.88億元，比起2018至2020年三個年度的土地增值稅都超過900億，真的是無法相比。從房地合一稅的課稅金額遠不如土地增值稅減半金額，讓人看到財政部主導的房地合一稅是抓小放大，根本沒有效能，助長漲價歸私，更讓口袋夠深的少數人，依然將房地產視為投資理財標的，高房價現象當然會繼續存在。

　　個人認為新版實價登錄制度，政府可以掌握真實房地產價格，加上妥善運用大數據技術，非常有利推動台灣獨特的漲價歸公，建議財政部還是會同內政部共同修法回復土地增值稅40%、50%、60%之稅

率，做到漲價歸公，導正房屋是用來「住」而不是「炒」。目前土地增值稅率為20%、30%、40%，較舊制40%、50%、60%減少一半，從民國91至109年19年間稽徵土地增值稅為1兆4,520億元，由於減半等同國家少了1兆4,520億元稅收，因此將土地增值稅稅率回復40%、50%、60%，一方面可以杜絕炒客吵翻天，另一方面又可以增加比房地合一稅的土地增值稅。

　　台灣目前房地產稅是分立，房屋稅是依據房屋稅條例課徵、地價稅則依據土地稅法課徵，兩者目前稅率都偏低，這就是約有自然人8.1萬人擁有四房以上，1.3萬個法人擁四房以上的主因，也就是這些少數人在操作房地產市場讓房價飆漲。因此個人認為政府應趁實價登錄2.0上路之際，修法將房屋稅與地價稅合一成房地產稅，並規定最少稅額，可避免目前房屋因折舊而免徵，完全依實價登錄價格計算房地產稅，並順勢推出囤房稅，持有一戶者，其稅率為2‰，持有第二戶則為1%，第三戶為2%，以此類推，超過第六戶以上，都以5%計算房地產稅，讓這些少數炒客大幅增加持有成本，是可遏止少數國人喜歡用房地產做為投資標的。

2021年04月19日 台灣公論報

二、台灣願景規劃

1、台灣2030願景與發展發向

　　2020總統大選在即，但藍白綠參選人至今沒有一個人對台灣的未來提出願景想法，但台灣是大家的台灣，每個人都有責任關心台灣未來願景。「智慧自由島」是個人對台灣2030年發展願景定位，其最大意涵在發揮台灣人民的智慧，尤其是高等教育的高素質人力腦力來解決台灣面臨的問題與挑戰，並讓台灣朝向更開放海島經濟發展，同時想藉由智慧自由"SMART FREE"這九個英文字母，來闡述個人對台灣的九個發展方向。

一、安全台灣（Safety Taiwan）

　　舉凡社會安全（福利）、公共（交通）安全、食品安全、氣候變遷與防災（防震）政府都應提出完善規劃來預應，同時要妥適處理好兩岸關係，讓台灣民眾免於安全威脅。

二、海洋台灣（Marine Taiwan）

　　台灣四周環海，但一直缺乏有系統的海洋經濟規劃，從先進國國家美日英法與中國大陸、韓國的海洋經濟發展經驗，台灣能發展的空間相關大如港口物流、海洋能源（可燃冰、生質能、潮流發電），海洋生物產業，進而可以提供台灣許多就業機會，更要宣示台灣海域主權來保護台灣漁民權益。

三、魅力台灣（Attractiveness Taiwan）

　　台灣有高山、有丘陵、平原，四處環海、有港、有河，地形多變化，擁有豐富自然資源與多生物物種，同時氣候宜人，非常適合發展

觀光旅遊產業、加上台灣有厚實傳統產業基底與眾多大學院校具有外
資來投資潛力，過去沒有好政策來發揮台灣魅力來吸引廠商與其他都
市民眾來台灣旅遊，就學、就業、投資與定居。

四、循環台灣（Recycle Taiwan）

傳統產業高汙染是不爭的事實，台灣全島為台灣經濟付出極大代
價，這些傳統產業在現在循環經濟的思考下，是可以做到零汙染與零
排放，因此重整台灣傳統產業朝環境親和、資源節約方向努力，讓台
灣能低碳、綠色及生態宜居。

五、科技台灣（Technology Taiwan）

創意、創新是21世紀經濟發展的關鍵要素，從國外先進國家（都
市）的經驗，生物科技、文化科技、能源科技、環保科技、資訊與通
信科技、海洋科技、材料科技、奈米科技、機器人、航太科技，台灣
是可依據自已未來產業發展需求與大學院校的發展方向來策劃科技台
灣，謀求科技自主創新。

六、時尚台灣（Fashion Taiwan）

配合魅力台灣發展，台灣製造業更要引入時尚（fashion）概念讓
台灣產品能品牌化，更為全球消費者喜好同時創造提高附加價值，產
生更高國民所得。

七、韌性台灣（Relisience Taiwan）

氣候變遷帶來大雨、乾旱、強颱與地震是台灣無法避免的災害，

因此政府應提出完善規劃來預應與及時協助民眾渡過災害和重建，同時迅速回復正常生活與生產。

八、便利台灣（Ease Taiwan）

藉由完成環島高鐵與高速公路，讓台灣民眾出行方便，並積極開發海空航線航班，讓外客容易入境，同時加速發展5G基礎建設讓台灣成為一個智慧島，讓民眾與遊客處處便利。

九、生態台灣（Ecology Taiwan）

16世紀葡萄牙水手稱台灣為福爾摩沙來讚嘆台灣美麗，生態就是台灣美麗的根本，過往台灣發展已重創不少台灣生態，未來台灣發展將本循環經濟新技術來修補台灣生態，讓台灣重回世人傳頌的福爾摩沙美麗之島。

2019年06月06日　工商時報

2、韓國的國政一百藍圖，令蔡政府汗顏

　　蔡總統在2016年5月20日就任以來，已邁入第四年，離2020年五二〇剩不到9個月任期，個人一直認為蔡總統及其民進黨欠台灣人民一個國政藍圖，對照韓國現任總統文在寅先生，是2017年5月10日就職，比蔡總統藍晚近一年就任，但他在就任兩個月後，就提出五年任期的國政一百藍圖，兩相比較蔡政府豈不慚愧。

　　文在寅政府的五年施政藍圖，中華經濟研究院WTO及RTA中心的電子報第570期，姚鴻成先生曾為文介紹，整個五年計畫區分五大塊：國家願景、五項國家目標、二十項國家戰略、一百項國家政策、四百八十七項實施方案。

　　文在寅總統的國家願景反映2017年韓國首爾因朴槿惠政府貪腐與不公義所引發燭光運動而提出建立一個公平正義國家，這項願景透過五項目標來達成，五項目標：以國民為主人之政府、邁向進步優質生活品質之經濟、為人民承擔一切責任之政府、推動地區均衡發展、致力和平與繁榮之朝鮮半島。

　　五項目標則賴二十項國家戰略、一百項國家政策、四百八十七項實施方案來實現：

　　（一）以國民為主人之政府，有四項戰略、十五項政策及七十一項實施方案，四項戰略依次為：實現以國民為主體之燭光民主主義、透過意願統合，實現光化門大統領、透明化與賢能之政府、權力機構民主化之改革。

　　（二）邁向進步優質生活品質之經濟，有五項戰略、二十六項政策及一百二十九項實施方案，五項戰略依次為：所得驅動增長的就業經濟、充滿活力之公平經濟、致力推動平民與中產階級之民生經濟、

　　有效推動主導科學技術發展之第四次產業革命、致力中小創投企業主導創業與革新之成長。

　　（三）為人民承擔一切責任之政府，有五項戰略、三十二項政策及一百六十三項實施方案，五項戰略為：建構包容全民之福祉國家、國家負責之幼保及教育、保障國民生命及財產安全之社會、致力推動尊重勞動，性別平等之公平社會、建制自由及充滿創意之文化國家。

　　（四）推動地區均衡發展，有三項戰略、十一項政策及七十一項實施方案，三項戰略分別為：實現根深蒂固之民主主義分權自治體制、推動全民均富之成長、建構人民均願回歸農、漁村之社會。

　　（五）致力和平與繁榮之朝鮮半島，有三項戰略、十六項政策及五十三項實施方案，三項戰略為：推動堅強之國家安全與國防體制、致力南北韓和平及朝鮮半島之非核化、致力可以主導國際合作之積極外交。

　　對一百政策內容有興趣的讀者，可閱讀姚鴻成先生文章，其中一項在鞏固韓美同盟之前提下，於執政之任期內，將韓國之作戰指揮權，自美軍手中交還給韓國，不符合我們國情外，基本上，其他九十九項是相當值得我們政府與朝野政黨借鏡，2018年九合一大選蔡政府大敗，個人認為主因在蔡政府缺乏一個治國藍圖，致使民怨四起，倘若蔡總統不痛定思痛，立即覺醒，推出自己的國政藍圖，個人對其連任之途不表樂觀，恐怕2020年1月11日會再次為人民所唾棄。

2019年08月18日 台灣公論報

3、兩個成語化解韓國瑜與國民黨危機

「成也蕭何，敗也蕭何」這句成語，道盡漢朝開國三傑中的大將軍韓信的崛起與敗亡。韓信早年投效項羽陣營，經張良遊說而投效劉邦，但並未即時受到重用，本欲離開，幸賴蕭何月下追回，並向當時漢中王劉邦直言，若要離開漢中，非得依靠韓信不可，劉邦遂拜韓信為大將軍，而展開楚漢相爭，進而擊敗項羽，建立漢朝。

漢朝初立，分封諸將，劉邦對齊王韓信尤為不安，經蕭何奇計，先改封楚王，釋其兵權，再藉細故奪其位、終其命。

韓國瑜市長的竄起故事，非常近似韓信，沒有楊秋興縣長的推薦，吳敦義主席的重用，韓國瑜是沒有機會掛帥高雄參與市長選舉一役的。高雄征戰期間，王金平院長、楊秋興縣長與眾多媒體人與企業家從旁支援而引發韓流，如今楊、王等眾人紛紛站在韓市長對立面，其韓流威力也不比過去，直呼需要吳主席與國民黨大老們出面協助團結，國民黨一場「成也蕭何，敗也蕭何」的危機油然而生。

觀察這項危機的產生如相公說、權貴密室、不斷放話修改初選規則，大半是韓市長與其韓粉所引發，把吳主席、王院長與黨內一些大老得罪光光，因此解鈴還需繫鈴人，韓市長若不主動出面，一一親自「負荊請罪」，恐怕是很難化解這些心結。

尤其是韓在高雄如果無法像市長選舉再取得絕對大勝，將非常不利於總統選情，韓市長似已嗅到「不利」的味道，一直強調要眾人團結在其旗下，更直白要吳主席來協助。韓市長不知可曾看看自己，在勝選市長後，有無向吳主席真心道謝與道歉？如果沒有，韓市長是不是該先向吳主席道謝與道歉。

說句實在話，韓市長目前要求黨內各方人馬要團結，這個場景如

同蔡總統一直迫害在野黨而要在野黨團結，喊團結的人若自己不先釋善意拋出橄欖枝，想要團結是不可能的，因此韓市長要用智慧去化解過去支持他的「貴人」的不滿。

「負荊請罪」是廉頗與藺相如將相不和故事的結局，兩人爭端肇因在廉頗，廉頗一直認為藺相如無功，為何賞賜與聲望高於他，不斷出難題為難藺相如，廉頗最終知其過而主動登門負荊請罪，將相和之後進而化解趙國被秦國併吞危機；因此，韓市長若想要讓民進黨與蔡總統下架，不借鏡古代先賢的智慧，恐怕會讓「成也蕭何，敗也蕭何」的悲劇重演，即使國政團剛成立，個人看不出有助於黨內團結，如果韓國瑜再不設法補救，到時就追悔莫及。

2019年09月02日 台灣公論報

4、土包、菜包、錢包，三包之戰，誰給國政藍圖

　　郭台銘退出中國國民黨，參選2020總統應算是啓動了，韓國瑜、郭台銘、蔡英文「三腳督之戰」應該已成定局。網路已有人戲稱「土包、菜包、錢包」三包之戰，目前民調土包與菜包各有領先，但離投票日還有近四個月時間，個人認爲誰最能提出完整國政藍圖，就能勝出。

　　韓國總統文在寅2017年5月就職，比蔡總統晚近一年就任，但他就任兩個月後，就提出五年任期的國政一○○藍圖，兩相比較，蔡政府被人稱爲菜包政府也沒有冤枉她。文在寅政府的治國藍圖，係在青瓦台設立單獨網站，廣泛呼籲民間表達意見或提出建言，兩個月內上網民眾達79萬人，建議項目十六萬餘件，經篩選與歸納彙整後，訂定百大國政課題藍圖。整個藍圖區分五大塊：國家願景、五項國家目標、二十項國家戰略、一百項國家政策、四百八十七項實施方案。蔡總統早已定下連任之心，但至今都提不出一個具體國政藍圖給選民，就成爲她的罩門。

　　韓市長被人貼上土包印記，選舉時的兩次市長辯論，其個人對市政的陌生讓舉國盡知，選上市長是人心思變。當選後，時代力量黃議員質詢自貿區問題又是一問三不知，更加重韓市長的市政土包形象。韓市長要一掃土包形象，別無他法，要商請國政顧問團在二個月內提出完整國政藍圖，以目前這種方式在論述國政是沒有亮點的。但容個人提醒，只提國政藍圖不提高雄市政藍圖，會讓高雄市民不爽，同時提出國政與市政藍圖，或許能扭轉形象，改變印記。

　　郭台銘目前無任何公職在身，給人印象就是有錢。從歷史呂不韋的「呂氏春秋」故事，要提出一本國政藍圖，只要重金禮聘，有心找

對人，其實也不難。藉由完整的國政藍圖論述，說不定也可向台灣民眾展現「我會賺錢也能治國」，說不定也會有逆轉結果。

　　總統候選人，如果不提國政藍圖是很不負責。說實在話，韓國的五項目標：以國民為主人之政府、邁向進步優質生活品質之經濟、為人民承擔一切責任之政府、推動地區均衡發展、致力和平與繁榮之朝鮮半島，個人認為完全符合台灣目前現況。三位候選人想要勝出，就請趕快提出自己的國政藍圖。

2019年09月17日 聯合報

5、總統候選人給台灣人民一個前瞻發展綱要

前些日中國大陸公布一項次區域發展規劃綱要—粵港澳大灣區發展規劃綱要，粵港澳大灣區面積5.6萬平方公里，人口在2017年底接近7,000萬，比台灣3.6萬平方公里多出不到一倍，但人口是台灣2,300萬的三倍多，都能有一項區域整體發展規劃綱要，粵港澳大灣區過往發展是比台灣落後，但目前區內不少城市已超越台灣六都，面對粵港澳大灣區後發彎道超車，台灣2020的總統候選人豈不汗顏。

粵港澳大灣區有五項定位：（一）建成充滿活力的世界級城市群；（二）成為具有全球影響力的國際際科技創新中心；（三）為「一帶一路」建設提供重要支撐；（四）深化內地與港澳在前海、南沙、橫琴等區域的合作；（五）共建宜居宜業宜遊的優質生活圈。規劃目標希望2022年可形成成為國際一流灣區和世界級城市群的基本框架；2035年全面建成國際一流宜居宜業宜遊灣區，台灣未來發展定位就是目前朝野政黨最缺乏的論述。

大灣區發展規劃的整體布局是透過極點帶動與軸帶支撐來構建廣州、深圳、香港、澳門四個中心的城鎮體系，進而帶動城鄉融合發展與影響泛珠三角區域發展，其重要發展內容包括：建設國際科技創新中心，加快基礎設施互聯互通，構建具有國際競爭力的現代產業體，推進生態文明建設，建設宜居宜業宜遊的優質生活圈，提升市場一體化水準，攜手擴大對外開放，共建粵港澳合作發展的平台。整體內容在協調區內十一座城市發展與分工，避免競爭造成資源誤用與重複投資浪費，這些規劃內容不正是台灣目前六都十六縣市急需、大需，相當值得朝野總統候選人借鏡學習。

規劃內容全文二萬七千多字，個人認為2020朝野候選人包括

想連任的蔡總統，以其資源與人力要提出這樣規劃報告內容，其實不難，提不出的話，個人認為這些參選人是無資格出來競選2020總統大位。沒有民主選舉的中國大陸，都能如此盡心為粵港澳大灣區7,000萬人民考量其未來發展需求，號稱已開發的台灣，又自許比中國大陸民主先進，但如此漠視台灣人民未來前途，無非是很大的諷刺，台灣2020總統參選人若不能提出更有吸引力的發展規劃，個人認為許多發展機會將會被粵港澳大灣區搶走，屆時台灣民眾日子將會過得更苦，因此盼望蔡總統與韓國瑜先生，不要再提一些不著邊際政見或散彈打鳥政見，趕快給台灣人民一個有前瞻希望、定位清楚的發展綱要，證明有能力帶領台灣人民走出困境，迎向美好明天。

2019年10月28日 台灣公論報

6、重建公平廉能政府，是台灣人民的希望

　　韓國總統文在寅先生，是2017年5月10就職，比蔡英文總統晚近一年就任，但他在就任兩個月後，就提出五年任期的國政一百藍圖，其國政藍圖的國家願景是反映2016年韓國首爾因朴槿惠政府貪腐與不公義所引發燭光運動而提出建立一個公平正義國家，這項願景透過五項目標來達成，五項目標：以國民為主人之政府、邁向進步優質生活品質之經濟、為人民承擔一切責任之政府、推動地區均衡發展、致力和平與繁榮之朝鮮半島。

　　文在寅總統的國家願景除反映朴槿惠政府親信的貪腐與特權，並連結2014年「世越號」沈船悲劇暴露出朴槿惠政府無能，五項目標的第一項為建立以國民為主人之政府，就直擊國家願景核心，其下分四大戰略，十五項政策。

　　第一項戰略為實現以國民為主體之燭光民主主義，包括徹底根除昔日累積之弊端，擴大透明化之政策方向、推動反腐敗，實現清廉韓國、配合國民訴求意願，解決歷史懸案、致力自由意思表示與言論之獨立性等四項政策。

　　第二項戰略為透過意願統合，實現光化門大統領，涵蓋實現三百六十五日與國民進行溝通之光化門大統領、恢復及加強以國民人權為優先之民主主義、加速研擬國民主權之修憲與國民參與之政治改革等三項政策。

　　第三項戰略為透明化與賢能之政府，包含革新與敞開之政府以及為民服務之行政、以適才適所、公正之人事，開展值得信賴之公職社會、加強保護旅居國外之僑民，擴大支援國外同胞、牢記人民為國獻身之事實，加強國家之撫卹及表揚制度、宣導實現社會價值之公共機

關等五項政策。

　　第四項戰略為權力機構民主化之改革，包括推動改革真正為國民之權力機構、強化民主治安、保護社會弱者、提高公平課稅，實現對納稅人具有親和力之稅務行政等三項政策。

　　第一項戰略的內容對台灣目前執政的民進黨是何等諷刺，原先建黨就是反腐敗與清廉，但兩次執政與國民黨執政並無兩樣；第二、三、四項戰略所揭櫫的政策如修憲、言論自由、透明化政府、治安、保護社會弱者、提高公平課稅，也是台灣民眾的心聲，但從目前各種媒體的報導內容，其實我們的社會是反其道而行，走上威權、專制與家天下，同時嚴重破壞國家文官體制。

　　文在寅總統理解第一項目標：為建立以國民為主人之政府是其他四項目標的基礎，基礎不穩，四項目標與相關政策與實施方案也無法落實推動執行，對照台灣蔡英文總統執政三年多，種種惡行惡法讓民眾深感痛惡，2018年九合一大選的敗選是其來有自，韓國瑜若想贏得大位、國民黨想要勝選，文在寅政府的第一項目標的戰略與政策值得參考借鏡。

2019年12月02日 台灣公論報

7、推動新民生主義，讓台灣人過好日子

　　國父孫中山先生手創三民主義中的民生主義加上先總統蔣公的民生主義育樂兩篇補述在台灣徹底的實施，其成果就是讓台灣民眾過往台灣錢淹腳目，食衣住行育樂樣樣不缺過好日子，尤其是台灣年輕人只要想唸大學就有得唸，是世界奇蹟，如今經濟狀況無昔日四小龍之首風光，食衣住行育樂樣樣出問題，蔡總統上任至今，沒有具體國政藍圖，2018年大選的敗選，基本上是人民對她不顧民生的一種抗議，民生主義是國民黨的強項，但韓國瑜的國政顧問團或國民黨的智庫也提不出新民生主義來滿足台灣民眾未來的民生需求，讓台灣人民也無法要票投國民黨或韓國瑜。

　　韓國文在寅政府國政一〇〇藍圖的第三目標；建立為人民承擔一切責任之政府，包括五大戰略、三十二項政策，個人觀察，基本上與民生主義內容是相通的，分述如後：

　　（一）建構包容全民之福祉國家，包含致力保障國民基本生活之社會保障制度、因應國家高齡化社會之來臨，保障健康及高品質之老後生活、加強健康保險之保障性，支援以預防為中心之健康管理、確保醫療公共性，提供以病人為中心之醫療服務、塑造國民能安心生活之居住環境、減輕青年及新婚夫婦之居住負擔等六項政策。

　　（二）國家負責幼保及教育，涵蓋透過投資未來時代，克服低出生率現象、強化自幼兒至大學教育之公共性、透過教室革新，改善公教育、重新建制教育之希望橋梁、提高高等教育之質，改善人生及職業教育、支援兒童及青少年，安全及健康之成長、塑造未來教育環境，實現安全之學校體制等七項政策。

　　（三）保障國民生命及財產安全之社會，包含防範安全事故，

建構災難安全管理之國家責任體制、推動統一之災難管理體制，加強現場立即解決問題之機制、加強掌握國民健康之生活安全體制、建立沒有霧霾之潔淨大氣環國境、塑造長治久安之國土環境、以妥適之政策，推動安全、潔淨之能源、有效推動及履行新氣候變化體制、守護海洋領土，加強海洋安全等八項政策。

（四）致力推動尊重勞動、性別平等之公平社會，包括實現尊重勞動之社會、建立沒有差別及優質之工作環境、支援多元化家族安定之生活，進而消除社會差別、落實真正之性別平等社會等四項政策。

（五）建制自由及充滿創意之文化國家，包含致力區域及日常生活，充滿文化氣息之時代、透過改善創意及增加福祉，保障文藝人士之著作權、建立公平之文化產業生態，擴大韓流在世界領域之成長、健全發展數位化、有效實現工作及休息之均衡體制、推動全民皆愛好運動、充滿活力之國家、擴大觀光福祉，活絡觀光產業等七項政策。

從五大戰略、三十二項政策的內容可發現，目前韓國人民的苦與痛與台灣一模一樣，國民黨吳主席不妨借用這三十二項政策及其一百六十三項實施方案，按民生主義的內容來重新整理編寫，推出國民黨新民生主義，讓台灣人民重回食衣住行育樂樣樣不缺的日子，說不定會感動台灣民眾票投國民黨與韓國瑜。

2019年12月09日 台灣公論報

8、總統候選人，請展現願景規劃力

2020年中華民國總統選戰政見戰正式開打，但遺憾的是這三位候選人，沒有一個人有提出中華民國2025年或2030年願景，對我們這片土地一點想法都沒有，哪配領導台灣人民，叫我們如何將選票投給他（她）。

宋楚瑜先生是最晚確認的候選人，提不出願景藍圖是可諒解，但現任蔡總統要拼連任，但對中華民國的國政藍圖，從就任至今，都沒有提出。

前一陣子韓國瑜先生，說出台灣鬼混二十年，個人認為話說對一半，錯的一半是二十年來，台灣人民與企業主，是活得非常辛苦，拼命在找出路，哪裡有鬼混？真正鬼混的是政府與政客，二十年沒有提出像樣的規劃，打動民心、拼經濟、拼發展。

但韓國瑜先生何嘗不是在鬼混，也沒有提出一個像話的國政藍圖，中華民國過去創造經濟奇蹟的願景規劃力，就是被台灣這種惡劣選風丟得一乾二淨，台灣若想再重振經濟風華，個人認為三位候選人，請你們負責任的提出對台灣的願景。

台灣過去在亞洲經濟發展，引領風騷，位居四小龍之首，國民平均所得在四小龍中最高，但時至今日，新加坡5萬8,770美元高居首位，香港5萬310美元居次，韓國3萬600美元，台灣2萬5,360美元，原因無他，其他三小龍不間斷地推陳出新，提出新願景，激勵他們的人民拼經濟、拼發展。

國政藍圖提出一點也不難，以我們南北兩個鄰國為例，菲律賓，現任總統杜特第（Duterte）就職時間比蔡總統晚四十天，但菲律賓在2016年10月提出「菲律賓雄心2040（Ambisyon Natin 2040）」願

景構想，要將菲律賓打造成一個繁榮的，主要是中產階級的社會，沒有人是窮人；菲律賓人民將過著長壽健康的生活，聰明創新，生活在一個高度信任的社會，因此看到菲律賓經濟起飛了。

　　韓國現任總統文在寅先生，2017年5月10日就職，比蔡總統晚近一年就任，但他在就任二個月後也提出其五年任期的國政一〇〇藍圖，其五年計畫藍圖區分五大塊：國家願景、5項國家目標、20項國家戰略、100項國家政策、487項實施方案，願景透過5項目標來達成，5項目標：以國民為主人之政府、邁向進步優質生活品質之經濟、為人民承擔一切責任之政府、推動地區均衡發展、致力和平與繁榮之朝鮮半島，上任一年後，韓國國民平均所得就突破3萬美元。

　　第一場次的政見發表會，個人認為國人一定很傷心失望，三位總統候選人除了批評對方不是外，並沒有提出令我們感動有希望國政藍圖，三位候選人在政見發表會有提出一些政見，其專屬網站也有一些政見說明，但那些只是花大錢的政見，不是具體願景藍圖，只是花錢卻無助國政進步，會債留子孫，更會讓台灣錯過經濟再起飛的機會。

2019年12月22日 蘋果日報

9、小池百合子令韓蔡宋汗顏

　　日前東京都正式發布其2040年願景規劃，整個規劃係其「未來東京」的問題，未來的投資應該是什麼的衍生，規劃報告從日本與東京的問題討論，進而討論目前全球的挑戰與變化，再討論東京都的優劣勢，並運用反向預測（backcasting）方法，推演出東京都2040年的六項發展定位（方向）與二十項使命（目標），相當值得台灣參考借鏡。

　　第一項都市定位爲讓人眼睛一亮的東京，包括七項目標：一、在家庭聯誼和社會的支持下，孩子們的微笑和到處都有想撫養孩子的人們；二、所有兒童和年輕人透過新的教育模式成長與發展；三、女性根據自己的意願選擇自己的生活方式，以自己的方式大放異彩；四、老年人在100歲時，仍能積極生活；五、每個人都可以積極工作並保持活力；六、眾人可以共同生活在生活豐富多彩的地方；七、每個人都可以聚集和互相支持的地方。

　　第二項爲安全可靠的東京，包括四項目標：一、堅固而美麗的東京，保護東京居民免受災難威脅；二、安全和有保障的東京，讓東京居民免受犯罪和事故與火災傷害與疾病危害；三、擁有世界上最佳交通網絡的便捷舒適的東京；四、東京透過維護和更新，繼續發展先進的城市功能。

　　第三項爲東京世界領先者，包括四項目標；一、透過數位力展現東京潛力，實現智慧東京，讓市民有高品質生活（東京版社會5.0）；二、聚集來自世界各地的人流、貨物、金錢和訊息成爲世界第一開放城市；三、新產業層出不窮產生，讓東京成爲世界上最好的創業城市；四、東京引領全球經濟，成爲世界生產力最高城市。

　　第四項爲美麗的東京，包括兩項目標：（一）水和綠交織，讓人

滋潤放鬆；（二）實現零排放。

　　第五項為有趣的東京，包括兩項目標；（一）東京的文化和娛樂成為世界焦點；（二）東京運動場將體育融入日常生活。

　　第六項為東京與全國齊步，目標深化與全國各地的合作，東京實現與全國的共存與繁榮。

　　配合這二十項目標，東京都先推2030的二十項策略包括：讓孩子面帶笑容策略、支持兒童的成長與發展策略、促進婦女參與大放異彩策略、實現長壽社會策略、實現每個人能發揮所長的工作策略、多元性與共生社會策略、重視居住和地區策略、安全有保障的社區發展策略、進一步增強都市功能策略、智慧東京／東京數據高速公路策略、東京創業城市策略、東京成功的創新策略、東京水綠交織策略、東京零排放策略、文化／娛樂城市策略、東京運動場策略、多摩地區和離島促進策略、全日本合作策略、奧林匹克和殘奧會場館活化策略、新大都市改革策略。

　　這二十項策略還可細分一百二十項實施方案，要解決東京都未來三十九項問題。其實東京都的未來問題，何嘗不是台灣未來要面對的問題，東京都知事小池百合子能做到如此願景規劃，相對台灣三位總統候選人政見發表會或辯論會，及其選舉文宣對台灣的2030或2040的願景及規劃卻付諸闕如，豈不汗顏。

2020年01月10日 旺報

10、文官士氣低落，造成國家進步停滯

　　前年外交部領務局新護照出現一個大烏龍，前外交部長李大維自我檢討是外交部同仁「菁英主義」作祟所造成，個人認為外交部的外交官絕對是公務人員的優秀分子，除要通過競爭激烈的外交官考試，還要接受一連串的培訓，才能養成一位合格、進退有據的外交官，因此外交部的大烏龍絕非是「菁英主義」作祟所造成，而是外交部因蔡總統與民進黨政府日前的修法，讓未有外交官任用資格也未受外交事務培訓的民進黨同路人，成為外交官而打擊外交官士氣所造成，目前更變本加厲的修改「聘約人員人事條例」一舉將黑官漂白，將嚴重影響那些寒窗苦讀考上公職的公務員士氣，會讓應興應革工作無法與時俱進推動，使得國家無法進步。

　　台灣文官制度敗壞肇始於直轄市市長開始民選後，大量公職改為政務任用，同時擴充機要人員任用，其後縣市政府也比照辦理，讓公務人員升遷受到嚴重影響，許多公務人員在五五優惠制度下，興起不如歸去而提早退休，這一退休潮讓許多政事無法傳承，近十年來，許多政府烏龍事件，多半是新手上任不明狀況，加上督導幹部也無充分經驗指導所造成。

　　整個文官制度破壞起因在民進黨取得縣市長勝選後，認為常任文官無法貫徹其意志，希望由其勝選功臣來擔任，經過多年抗爭，在直轄市市長民選後如願以償，眾所周知的羅文嘉與馬永成，在不到三十歲就擔任十二職等首長與參事，羨煞多少文官，也是這一事件後，許多重要職務不再講求要有品德學養，從此敗壞官箴之事，時有所聞，最離譜之事在某縣市新任機關首長與其機關新進人員是大學同學，前者在校不上課，忙搞社運，成為政治人物機要人員，因勝選派任機關

首長，後者在校名列前茅，苦讀有成成為正式公務人員，不學無術之徒要帶領一位成績優秀同學，情何以堪，因此讀書無用論之說就在此縣市盛傳，政務任用人員都占高職等缺，沒有學養如何策劃一個機關或縣市願景，台灣縣市政府近二十年進步有限，主因就在此，但國人還懵然不自知。

　　目前這股歪風已蔓延到中央政府單位，「聘僱人員條例」修改會讓中央各部會更多黑官充斥，此時會讓公務人員認為顏色與政治正確比任何工作都重要，而不知積極進取學習各國新知，來推動讓台灣應興應革工作，使台灣再重回四小龍之首，其實台灣過去公務人員一如新加坡公務人員是國家菁英，能有士氣，不斷向世界各國學習好制度、好方法，創造台灣奇蹟。

　　已故李光耀總理認為新加坡必須要順應環境的改變而與時俱進，尤其是在新發現和革新不斷湧現的時代，新加坡更不能故步自封，政策不合時宜就必須大膽糾正，而這一切要來自其文官不斷的學習，沒有士氣的文官是不會主動積極學習，盼望「聘約人員人事條例」能審慎修正，不要破壞文官士氣，讓國家進步停滯。

2020年08月24日 台灣公論報

三、FTA

1、沒FTA，怎振興經濟

　　去年對岸新簽了4個FTA。今年初，大陸公布有10個FTA要進行談判，並啟動10個可行研究項目；10個談判項目包括RCEP、以色列、斯里蘭卡、海合會、巴基斯坦等FTA談判或升級談判，其中RCEP談判已歷5年20輪，對岸有信心在2018年取得實際進展，屆時一個囊括全球二分之一人口、三分之一GDP、四分之一貿易額、五分之一外資的多邊自由貿易協定就達陣。

　　相對台灣而言，蔡總統執政500多天，沒有新成果也沒有新進度，2016大選前，自誇最懂FTA談判的蔡總統是不是應該跟國人講清楚、說明白，而不是一再打FTA戰略空包彈。

　　蔡政府始終不接受「九二共識」，眼前能做的事只有一項，加強與主要貿易國家的雙邊經貿關係的簽署，尤其是亞洲近鄰國家如日本、南韓、菲律賓、越南、泰國、馬來西亞、印度等人口眾多國家，但這些國家都與大陸有正式外交關係，別的國家不說，蔡總統最親近的日本，會跟台灣簽經濟合作協議嗎？答案可想而知。

　　馬政府時代，打破兩岸僵局並積極與大陸洽簽《ECFA》，將原本會耗時多年的工作，在短期間實現，讓國人享受到更多利益。同時也在ECFA生效後，積極規劃與東協（ASEAN）國家與南太平洋國家洽談FTA談判，新加坡與紐西蘭兩國FTA也在其任內達陣，並積極與美國洽談TIFA（台美投資暨貿易架構協議），更拋出要加入TPP與RCEP，樣樣都有在努力。

　　原本最有可能繼紐西蘭之後，與台灣簽署FTA，但因台灣政治變天，而胎死腹中，相當可惜。對照馬政府的成果，蔡總統執政500多天，也應該向國人報告台灣FTA戰略與進度。

　　亞洲地區的兩個大型多邊貿易協定CPTPP與RCEP，CPTPP目前是由日本主導承擔，但安倍內閣會干冒得罪大陸風險讓台灣加入？蔡總統應該知道「不可能」。

　　越南不久前才公開宣示「一個中國」政策，無疑是為台灣想加入CPTPP潑上一盆冷水，讓蔡總統的FTA成績始終掛零，原地踏步。

　　以目前經貿情勢，不管蔡總統要進行雙邊或多邊FTA，沒有「九二共識」鐵定到處碰壁。台灣貿易最大的競爭對手南韓，與歐盟及美國、大陸的FTA早已生效，後續不利影響已出現，但台灣和美國及其他主要貿易國的FTA卻毫無進展，讓多數廠商心頭不安。沒有經貿協議，要振興台灣經濟是難上加難，經濟無法向上提升，就無法擺脫目前年輕人低薪之苦。

2018年01月31日 旺報

2、自認已開發，未必買到CPTPP門票

日前經濟部次長王美花在WTO會議上承諾，未來談判將不再主張「開發中國家」特殊待遇優惠，以爭取加入更高標準的「跨太平洋夥伴全面進步協定」（CPTPP）。但從現實經貿發展趨勢：新加玻、韓國目前也未放棄「開發中國家」身分，蔡政府主動打出這張牌，如此輕率亮出底牌，恐怕是對現實經貿環境過度樂觀看待。

2018年初，日本等十一個TPP成員國在智利聖地牙哥簽署CPTTP，可望在明年一月生效啓動。這項跨區域的自由貿易協定，規模比不上原先規模TPP，但就亞太地區而言，它是邁向亞太自貿區的第一步，中國大陸與美國都給予肯定。

過去TPP的新會員加入是採共識決，要十二國都同意才行，對台灣而言，困難度相當高，目前CPTTP排除這種作法，台灣可採個別關稅領域身分加入，對台灣來說，絕對是項好消息，但經濟部一下子把底牌亮出，只會讓台灣加入需負更多代價。

個人認爲經貿談判的領軍者，應該審愼應對CPTPP各成員國要求的入門代價，如：日本要求核災區食品進口，不要門票錢給了，依然不讓台灣準時進場，這時候我們眞的會成爲加入CTPTT的冤大頭。CPTPP給台灣帶來新希望，但由衷希望政府當局，要全面立下進退依據，不要爲加入而加入，讓台灣付出比其他國家更多學費。日前王美花的一席話，顯示台灣將要付出更多學費。

對於「九二共識」的一個中國，個人一直認爲是美、日等強權奉行的主流政策，它主導許多國際組織的遊戲規則，如台灣與中國大陸都是在2000年加入WTO組織，蔡總統應比民眾更清楚知道，中國大陸是比台灣早一刻加入WTO組織，而CPTPP成員國在未正式簽署

前，如智利早就想邀請中國大陸加入，若依WTO組織經驗，在中國大陸未加入前，台灣斷無機會。加上CPTPP會員國，有不少是「區域全面經濟夥伴協定」（RCEP）會員國，更會支持中國大陸先加入，台灣才可加入。為此，台灣有可能發生，即使放棄「開發中國家」特殊待遇優惠身分，也不一定進得了CPTPP大門的兩頭空局面。

2018年10月19日 聯合報

3、台灣FTA戰略關鍵

　　九合一選舉大敗後，民進黨內部檢討砲聲隆隆，行政院長賴清德最後承認，拚經濟應該要優先。然而，台灣是淺碟子經濟，拚經濟必需要「貨出得去」才行，若加入區域經濟組織，或對外洽簽FTA沒有進展，想要拚經濟，不是事倍功半，就是緣木求魚。

　　目前台灣的FTA，包括ECFA有9個，有4個是扁政府時代簽署（巴拿馬、瓜地馬拉、尼加拉瓜、薩爾瓦多／宏都拉斯）、馬政府時代有3個（ECFA、紐西蘭、新加坡），蔡總統目前進帳2個（巴拉圭、史瓦帝尼），綠朝有6個，藍朝有3個。但台灣貿易覆蓋率的含金量而綠朝簽的6個抵不上ECFA、紐西蘭、新加坡任何一個，因此蔡總統新增2個，自然就沒有大敲鑼鼓向國人宣示成績。

　　由於巴拿馬與薩爾瓦多兩國與我國斷交，兩國人士有主張外交關係不存在，則其FTA自然失效要重談，如果屬真，台灣的FTA則會再減2個，成為7個，又恢復馬政府時代的7個，蔡總統真的有負台灣人民所託。

　　蔡政府上台，大張旗鼓要加強與主要貿易國家的雙邊經貿關係，尤其是亞洲近鄰國家如日本、南韓、菲律賓、越南、泰國、馬來西亞、印度等人口眾多國家，但這些國家都與中國大陸有正式外交關係，別的國家不說，蔡總統最親近的日本，會跟台灣簽經濟合作協議（ECA），國人當然很清楚日本絕對不會做，尤其反日本核食進口公投通過後，想靠日本拚經濟更不可能了。再加上兩岸關係不解凍，對外想洽簽FTA，更是難上加難。

　　九合一大選期間，韓國瑜的一句「貨出得去、人進得來、高雄發大財」，不但感動高雄人也席捲台灣，成為一股韓流，讓蔡政府招

架不住。台灣的貨要賣得出去，關鍵是政府要簽署許多個FTA才能做得到。沒有雙邊或多邊FTA，對以出口為導向的台灣經濟非常不利，當CPTPP、RCEP都生效其成員國的貨物是零關稅時，面對這種大劇變，政府叫台灣企業主如何和別人競爭？台灣產品會愈來愈賣不出去，屆時台灣經濟會嚴重衰退。要解決困境的關鍵就在接受「九二共識」。倘若蔡政府願接受「九二共識」，說不定與台紐FTA內容非常近似且談得差不多的台澳FTA也能定案。

　　美日與歐洲強國德法英，都奉行一個中國原則，因此台日ECA或台美TIFA在中國大陸未與美日敲定FTA前，台灣連做夢機會都沒有，因此對美日兩國的籌碼不應輕易釋放，日前釋放台灣要放棄「開發中國家身分」來爭取進入CPTPP訊息，根本就是一項錯誤，由衷建議蔡政府不要執迷不悟，回歸「九二共識」，台灣的FTA拼圖才有可能完成。

2018年12月10日　旺報

4、蔡總統就職三年，FTA戰略仍坐困愁城

　　TPP因川普入主白宮而胎死腹中，除美國外的日本、加拿大、越南等十一國修正調整內容，成為新版跨太平洋夥伴全面進步協定（CPTPP），已在今年生效，同時也在招募新會員國家或地區，英國、韓國、台灣都表明要加入。但台灣公投拒核食得罪安倍內閣，同時安倍政府也不會干冒得罪中國大陸風險讓台灣加入。越南早宣示一個中國政策，對想加入CPTPP、但拒絕九二共識的蔡總統，無疑是潑上一盆冷水。此外，CPTPP也會採WTO模式，在中國大陸未加入前，台灣沒有機會。

　　坦白說，蔡總統執政三年，台灣FTA雖進帳巴拉圭和史瓦帝尼，但也隨著斷交，會有巴拿馬與薩爾瓦多失效，一來一往等於沒進度。對照中國大陸，光2017年就新簽四個FTA，2018年有十個FTA要進行談判，並啟動十個可行研究項目。其中RCEP談判已六年，個人認為對岸應會在今年取得實際進展，屆時一個囊括全球二分之一人口、三分之一GDP、四分之一貿易額、五分之一外資的多邊自由貿易協定就達陣，會讓台灣的中小企業主對產品、服務外銷更傷神。

　　2017年APEC年會中，中國大陸主導「亞太自由貿易區」未來方向，凸顯大陸對亞太地區影響力有增無減，CPTPP標準比TPP低，因此有不少會員國主動邀請大陸參加，因此大陸是有機會在今年成形後加入；其主導的RCEP若也依進度，今年將有機會達陣。亞太自由貿易區雛形也可能在今年展現，台灣若再像現在因不承認九二共識而動彈不得，經貿被邊緣化將可預見。

　　蔡總統今年初回應習五點，斷然不接受「九二共識」，雖然想要加強與主要貿易國家雙邊經貿關係的簽署，來突破無法加入CPTPP或

RCEP困局，但亞洲近鄰國家都與中國大陸有正式外交關係，因此沒有九二共識，恐雙邊FTA或經濟夥伴協議（EPA）都是走不通。

　　總結目前經貿情勢，不管蔡總統要進雙邊或多邊FTA，沒有九二共識，到處走不通，希望蔡總統與民進黨政府真的要好好思考接受九二共識，同時宣示不再制定有歧視的「兩岸監督條例」來作為橄欖枝善意，才有機會走出困城。

2019年05月23日　聯合報

5、「三個如果」迎來台灣經貿黑暗期

《跨太平洋夥伴全面進步協定》（CPTPP）今年3月在智利簽署，目前11國中，有7個國家的國會已同意CPTPP文本內容，CPTPP可能在2019年底或稍後全面生效，對台灣經貿FTA戰略將是一大挑戰。

面對CPTPP這一重大情勢變化，大陸國家主席習近平日前出訪印度，可能意在加緊《區域全面經濟夥伴關係》（RCEP）進度，希望也能在2019年底達成協議，來降低CPTPP對大陸經濟可能的影響。

RCEP談判已歷近6年，大陸有信心在2019年底取得實際進展，倘若大陸在2019年底或稍後如願以償，就會形成台灣經貿FTA戰略第二項危機。

馬政府時代FTA戰略最大成就是完成《兩岸經濟合作架構協議》（ECFA），其早收清單內容讓台灣經貿提振一陣子，但因後續《服貿協議》與《貨貿協議》無法及時補位，台灣經濟無法持續興旺下去，更糟的是2010年兩岸ECFA簽署至明年滿10年，因為WTO建議國家之間簽署的自由貿易協議應該在10年之內完成協商，因此最近有些國人擔心明年6月ECFA是否會終止？如果終止，早收清單內容的關稅優惠，在2020年無以為繼，將會是台灣經貿FTA戰略的第三項危機。

蔡總統執政3年多，因為拒絕「九二共識」，台灣FTA戰略沒有新成果也沒有新進度，其實在2017年APEC年會中，大陸已主導亞太自由貿易區（FTAAP）未來方向，而CPTPP加上RCEP其實就形成FTAAP，大陸對亞太地區影響力將有增無減。日本將TPP原先內容調整成為CPTPP，CPTPP標準比TPP低，因此有不少會員國主動邀請大陸參加，台灣是無法在大陸入會前加入，經貿被邊緣化，早可預見。

2019年底若CPTPP生效，而大陸在2019年底若也與東協達成

RECP，緊接著2020年若ECFA終止，台灣經貿必然烏雲罩頂，進入黑暗期。

　　蔡總統一如馬總統一樣想要加入CPTPP與RECP，但CPTPP的11個成員國與RECP的16成員國都與大陸有外交關係。CPTPP對新會員要加入是採共識決，要全體11個會員同意才可以，CPTPP目前是由日本主導，但安倍內閣會甘冒得罪大陸風險讓台灣加入？蔡總統應該心知肚明知道「不可能」，越南前些時日才公開宣示「一個中國」政策，無疑是給蔡總統想加入CPTPP潑上一盆冷水。

　　何況CPTPP也一定會採WTO模式，在大陸未加入CPTPP前，台灣是沒有加入機會。自誇最懂FTA談判的蔡總統，是不是應該在尋求連任前跟國人講清楚，沒有「九二共識」要如何因應CPTPP及RCEP生效、ECFA終止，近年內可能接連而來的三項經貿危機。

2019年10月24日　旺報

6、日本經貿戰略彈性，值得台灣借鏡

　　英國脫歐後，積極與各國洽商FTA，日前傳出日英的FTA已達成，加上原先日歐FTA，日本基本上已完成歐洲地區經貿戰略拼圖。過往美國歐巴馬總統力推的TPP，因川普總統入主白宮，而胎死腹中，但日本安倍前首相不死心，不想全功盡棄，邀集其他十國會商，將TPP原先內容調整，成為2019年開始生效的跨太平洋夥伴全國進展協定（CPTPP），若加上RCEP，日本將有效掌握東協十＋六市場，成為名符其實的經貿大國與強國。

　　日本有如此成就，應歸功在前安倍內閣的經貿彈性戰略，不與美國川普政府撕破臉，繼續沿用原先TPP架構內容與原TPP會員國協商，彼此間能接受的內容，同時對中國大陸也展現善意與中國大陸繼續協商中日韓自由貿易區與RCEP，RCEP除印度退出，其他十五國在2020年2月已達成協議，RCEP十＋五預計在2020年11月生效。

　　中國大陸、日本、美國是台灣前三大出口國，其中只有中國大陸與台灣有類FTA經貿協議—ECFA，台灣是中國大陸與美國出超國，日本則是入超國；換言之，台灣現在是在賺中國大陸與美國的錢、日本則是賺台灣錢，台灣從中國大陸的出超是比美國多，主因在有ECFA早收清單之故，從美國目前的FTA成果，包括中國大陸、歐盟，日本與東協諸國等台灣貿易競爭國，都未與美國有FTA協議，因此台美TIFA在目前並無急迫性，同時目前正逢美國總統大選關鍵時刻，如此急迫開放美豬進口，萬一川普未能連任，台灣不但白白浪費了一個重要籌碼，同時也可能激怒中國大陸而終止ECFA，台灣會得不償失。

　　安倍內閣即使與蔡政府如何密切，也沒在第一時間邀請台灣加

入CPTPP，主因在安倍政府信守「一個中國」政策，不會干冒得罪中國大陸風險，雖然蔡總統想致力加強與主要貿易國家的雙邊經貿關係的簽署，尤其是亞洲近鄰國家如日本、韓國、菲律賓、越南、泰國、馬來西亞、印度等人口眾多國家，但這些國家與中國大陸有正式外交關係，因此至今沒有任何國家與台灣達成雙邊FTA或經濟合作協議（ECA）。主因在於蔡總統不接受「九二共識」，更曲解「九二共識」等同「一國兩制」，讓台灣FTA失去彈性。

蔡總統不妨再回想一下馬政府完成ECFA時，韓、日是何等緊張，其製造業尋求借道台灣迂迴進軍中國大陸，但民進黨與蔡總統在野時，一直反對ECFA的後續談判，對服貿協議與貨貿協議不斷杯葛與反對，最終韓日放棄將台灣列為投資基地。ECFA基本上就是立足在「九二共識」，蔡總統有意願與中國大陸對談，但不願誠心面對「九二共識」給自己築牆，也食言未積極推動兩岸監督條例立法，中國大陸當然就不願復談貨物貿易與服務貿易，其後遺症最明顯就是許多國家包含目前新南向政策的國家與我方的FTA談判都停擺，這也是蔡總統經貿成績無所進展的主因，因此許多企業家與個人都認為「九二共識」已成為台灣FTA戰略，包括加入CPTPP或RCEP的通關密碼。

安倍政府在美中對抗情勢中，不說惡話與撕破臉，讓其涉外人員有空間推動各項經貿工作，CPTPP與日歐經濟夥伴協議（EPA）生效便是明證，盼望蔡總統能學學日本經貿戰略彈性，也請妳回想馬英九接受「九二共識」後，ECFA與台新、台紐貿易協議都一一達成。

2020年11月09日 台灣公論報

7、RECP、CPTPP、FTAAP，台灣的三頭空危機

　　蔡總統看到CPTPP成形、RCEP剛簽署，心裡當然急，畢竟她在總統大選自誇有經貿談判能力，但就任四年多，我們的FTA（自由貿易協定）成果乏善可陳，根本無法對廣大中小企業主與企業家交代，當然也沒有面子面對國人。

　　八月底，蔡總統突然宣布明年元月開放美國萊豬進口，來爭取美國與台灣復談TIFA或雙邊協定，但美國總統當選人拜登已經表示暫時不會與其他國家簽署經貿協定，相對台灣為開放萊豬，朝野吵得不可開交，犧牲國人健康，卻換不到任何承諾，彰顯蔡政府對美國的經貿戰略真的沒章法。

　　日前駐日代表謝長廷返台，傳達日本要求台灣開放福島等核災區產品（核食）進口，更因國安會祕書長顧立雄率妻經濟部長王美花，夜赴日本駐台代表官邸餐敘後，發生車禍讓餐敘曝光，不禁讓國人聯想，餐敘中可能討論核食進口問題。謝長廷認為，日前中國大陸外交部長王毅和日本外相會談的善意，核食有可能比台灣提前解禁，如此中國大陸似乎變成比台灣更友日，更理性更遵守自由貿易規範，支持台灣的日本政界人士會很尷尬。

　　但個人認為謝代表並未進一步說明中國大陸可能會如何開放，同時也未說明開放是否與中國大陸要加入CPTPP有關，如果屬實則台灣不需現在就表明要開放，主導CPTPP的日本，會將中國大陸的加入排在台灣之前，這也讓人看到謝代表無計可施。

　　當RCEP完成簽署後，中國大陸外長王毅接連訪問日韓，個人解讀泰半與中日韓自由貿易區協定有關，中日韓三國的FTA已進行第十六輪談判，其內容當然會以較RCEP更高水準的貿易自由化為目

標，全面討論貨物和服務市場開放、投資、原產地、通關、競爭、電子商務等問題。倘若中國大陸有意加入CPTPP，對主導國家日本而言，絕對是喜出望外，而其他十國中又有六個是RCEP成員國，當然會樂觀其成；日昨也傳出韓國同意加入CPTPP，如果屬真，中日韓三國的FTA可在CPTPP基礎上達成，中韓將同時完成CPTPP與中日韓FTA兩項自由貿易協定。

習近平拋出加入CPTPP，個人認為是踏出形成亞太自貿區（FTAAP）的第一步，倘若中日韓自由貿易區協定也能在近期敲定，中韓其實就可順勢加入CPTPP，亞太自貿區雛型就形成。台灣面對CPTPP、RCEP與未來FTAAP三頭空危機，其實最大主因在不當的兩岸政策，蔡總統應心知肚明，清楚各國都奉行「一個中國」政策，各國未與中國大陸有任何雙邊經貿協議前，台灣是沒有任何機會，同時可能被世界孤立。調整兩岸政策，才不會讓經貿戰略捉襟見肘。

2020年12月16日 聯合報

8、正視FTAAP經貿危機

　　中國大陸國家主席習近平先生日前在北京以視訊方式出席亞太經合組織（APEC）第二十七次領導人非正式會議致詞表示，中方歡迎區域全面經濟夥伴關係協定（RCEP）完成簽署，將積極考慮加入「跨太平洋夥伴全面進步協定」（CPTPP），而我們經濟部部長王美花沒有積極提出應對之策，卻用CPTPP有相當高的門檻，對中國大陸來說相對高門檻的風涼話來回應，彰顯我們經濟部長非常昧於兩岸情勢，不知中國大陸通常是謀定而後動，有十足把握才出手。

　　日前中國大陸外長王毅先生接連訪問日本與韓國，泰半與中、日、韓自由貿易區協定有關，中日韓三國的自由貿易協定（FTA）已進行第十六輪談判，其內容當然會以較RCEP更高水準的貿易自由化為目標，全面討論貨物和服務市場的開放、投資、原產地、通關、競爭、電子商務等問題，因此中國大陸如果想要加入CPTPP，就主導國家──日本，絕對是喜出望外，倒屣相迎，而其他十國中，又有六個是RCEP成員國，當然會樂觀其成，這又證明我們王部長昧於外情。

　　中國大陸在APEC2016年會時，將其研究的「FTAAP路徑圖」列入領袖宣言，開始組織主導研究亞太自貿區（FTAAP），時過四年，TPP已被CPTPP取代，但生效運作，RCEP也完成簽署，準備運作，而這兩個大型多邊FTA包括許多亞太地區國家，中國大陸若運用其研究成果來統一整合，亞太自貿區（FTAAP）就會形成。

　　觀察習近平先生拋出加入「跨太平洋夥伴全面進步協定」（CPTPP）已是形成亞太自貿區（FTAAP）的第一步，倘若中日韓自由貿易區協定也能在近期敲定，中韓其實就可順勢加入CPTPP，亞太自貿區（FTAAP）雛型就形成，屆時可能會由中日韓三國來主

導，好讓美國最終也加入，最後藉由金磚五國機制將俄羅斯、印度也納入，當然此刻中國大陸會藉一帶戰略逐漸將中亞與西亞回教世界也納入亞太自貿區（FTAAP），一路戰略則擴充到中美洲與南美洲，整體亞太自貿區就大功告成，此刻我們最多邦交國中美洲地區的外交關係必會生變，台灣會再陷入另一波孤立危機。

面對CPTPP、RCEP形成，台灣有可能被世界孤立，蔡政府應有積極作為來化解危機，但王美花部長表示，台灣若不解決美豬、美牛進口問題，與他國洽簽自由貿易協定、區域經濟整合協定都是不可能的事情，真的是搞錯方向，其實早在美國主導TPP時期，經貿文官已默默努力在修法準備加入TPP，美豬、美牛問題只是美國單方問題，我們修法準備要加入CPTPP是正確方向，但目前中國大陸已正式表態要加入CPTPP，在中國大陸未加入前，日本絕對不會主導邀請我們加入，與美豬、美牛進口問題毫無關聯。

個人觀察CPTPP、RCEP兩頭空危機，其實最大主因在不當的「兩岸政策」，蔡總統應心知肚明清楚各國都奉行「一個中國」政策，各國未與中國大陸有任何雙邊經貿協議前，台灣是沒有任何機會，因此個人一直認為「九二共識」的一個中國，是美、日、歐盟等強權奉行的主流政策，它主導了目前許多國際組織遊戲規則，過去的WTO如是，現在的 CPTPP、RECP如是，未來FTAAP更如是，盼望蔡總統能正視FTAAP經貿危機，調整「兩岸政策」，不要讓經貿戰略處處落空。

2020年12月28日 台灣公論報

四、示範區

1、蘇院長錯失自由經濟示範區好球

　　蘇院長日前針對近日由高雄韓市長重提高雄自由經濟示範區，發表「四不」論述：一是國民黨主政時，絕對多數都通不過；二是會造成區內外不公平，顯然不當；三是中國大陸會借徑繞一圈，將其產品變成台灣製造輸美，變成是中國大陸的共犯；四是全世界對於相關國際組織監督租稅不公平競爭要求嚴格，如果有相關機制，被認為是這樣反而對台灣不利。其實這四不，第一「不」，當年是由最會「橋」的王院長縱容在野民進黨一再杯葛所使然，其他三「不」若看台灣過去的加工區、科學園區、自由貿易港區，以及目前韓國的「自由經濟區」、日本的「總合特區制度」、中國大陸的「自由貿易示範區」的推動，就可看出是昧於外情，無思拚經濟。

　　環視東亞地區包括中國大陸、日韓等三地區都提供各種名稱不同的示範區。日本『總合特區制度』規劃全日本有七個國家級特區：北海道的食料集群特區、北九州地區規劃綠色亞洲國際總合特區、筑波、京濱臨海特區發展生命科學技術與產業、名古屋地區則定位亞洲第一航太工業總合特區、東京地區企業總部特區、關西創新國際戰略總合特區。

　　韓國則有：仁川經濟自由區規劃為世界三大經濟自由區；釜山—鎮海經濟自由區規劃為全球物流與商務中心；光陽灣區經濟自由區規劃為世界最高水準產業物流中心都市；黃海經濟自由區規劃為尖端技術產業的國際合作據點；大丘—慶北經濟自由區規劃為東北亞知識基礎產業中心；新萬金—群山經濟自由區規劃為東亞未來新興產業與觀光休閒產業中心；東海岸圈經濟自由區規劃為尖端素材產業為目標的環東海經濟圈中心；忠北經濟自由區規劃為生態與BIT融合商務中心。

　　中國大陸第一期有上海自貿區，第二期有天津、福建、廣東自貿區，第三期有遼浙豫鄂渝川陝七省市設立自貿區，最新是海南全省劃設自由貿易區來迎接全球自由化經濟的挑戰，在在證明示範區的概念是正確的，也是東亞各地區努力競爭的方向。台灣就這樣無聲無息的終止，更會讓外商覺得台灣新政府的開放政策，只是嘴巴說說而已。

　　馬政府所領導的閣員積極性、擔當性不足，明明是自由經濟示範區，高雄優先，卻變調成「六海一空」外加一個農業科技園區，這樣的規劃結果，已種下多個和尚挑水沒水喝的敗因。因此日前韓市長重提自由經濟示範區，蘇院長是可運用民進黨立法院絕對多數，先讓高雄優先推動，做出成績來，再擴及全島，此刻民進黨絕對有功，不會只獨尊韓市長，但蘇院長及其閣員紛紛發言不可行，錯失韓市長幫民進黨製造拚經濟這個好球。

2019年04月01日 台灣公論報

2、只有自經區能拯救「又老又窮」的高雄？

韓市長近日談話一直強調自由經濟示範區是解決高雄負債近3,000億的唯一處方，但自由經濟示範區若無中央政府立法，高雄市政府能做的事，相當有限，眼前蔡總統、蘇院長，及相關部會首長也紛紛直言不支持，如此一來，高雄市豈不永無翻身之地？

個人觀察許多城市經濟發展戰略，自由經濟示範區只是其中一項，沒有自由經濟示範區，許多城市依然發展很好，有自由經濟示範區對城市發展絕對是加分，面對在2020總統大選前，自由經濟示範區不可能在高雄落地，韓市長不可把心力浪費在此，相對的是提出一個完善城市願景，讓企業願意來高雄投資、採購，讓各地人民願意來高雄旅遊、就學、就業與移居。

因此希望韓市長要覺醒，不要深陷目前不可能任務，給高雄提出具體願景藍圖，良好的城市發展也可以解決高雄負債。

高雄最迫切需要解決問題的是產業轉型發展、引進新產業與做好環境治理與空間改造。個人觀察東亞地區城市發展，中國大陸的廣州、深圳、寧波三個港市目前也正在轉型中，也出現一些成果令全球驚嘆不已。

日本的川崎、北九州是都市產業轉型發展與環境改善成功城市；而福岡是日本的南方大城與高雄在台灣地理位置相當，其近年來發展令人驚豔；神戶則是從災後重建，並成功轉型；大阪則重新定位副首都並提出其成長戰略。釜山是高雄姊妹市也是福岡姊妹市，從落後高雄到超越高雄的經驗也值得高雄取經學習，目前提出「動感釜山2040」，專注發展現代服務業；「香港2030+」一方面在進行香港空間擴展，一方面持續進行其經濟轉型來維持其成長動能。

　　這些城市都屬港口城市，是高雄市的城市競爭對手，但也是標竿學習對象，高雄能成功產業轉型、引進新產業，高雄的財政自然能迎刃而解。

　　上海市最近公布其2040年城市總體規劃，其相關智庫也出版多套2050年城市願景研究叢書，這些資料向世人展示上海的願景藍圖，上海市進入21世紀近二十年來，其進步快速，一年一個樣。個人認為是上海市對其市政規劃能不斷推陳出新，並提出新願景。

　　上海市這樣的超級大城市或許並不合適當高雄標竿，但韓市長可以以上海市的願景規劃研究資料為經，再輔以前述釜山、大阪、廣州、深圳等城市的發展藍圖為緯，來構思高雄市標竿學習願景藍圖。

　　網路上流傳韓市長與黃捷議員的對話，讓市民感覺韓市長還未進入狀況，不禁讓人回想起韓、陳兩位先生的辯論內容，個人相信許多市民會與我一樣有同樣客觀評論，陳先生內容是比韓先生要來得有系統與具體，因此許多市民在勝選後，也不由得擔心韓先生上任後要如何拯救這個「又老又窮」的城市，就一位長期關心高雄市政發展的市民，個人給韓市長的由衷建言是——趕快提出一個市政願景藍圖要比自由經濟示範區來得重要，畢竟城市願景可彰顯自己有能力領航高雄市。

2019年05月10日 蘋果日報

3、再起示範區方案拼經濟

　　從2013年8月底，上海自由貿易試驗區核定實施至今滿七年，中國大陸在2020年兩波公布新自貿區，第一波爲山東、江蘇、廣西、河北、雲南、黑龍江等六個新自貿區；第二波爲北京、湖南、安徽三個自貿區。兩次公布新自貿區名單，有三項特點，第一爲沿海省分完全納入，第二是強化陸域邊境開放如廣西、雲南與黑龍江，第三爲長江流域省市全部納入。除因應新冠肺炎疫情與美中貿易戰，中國大陸深知要持續維持成長，積極對外開放市場是必走之路，2020年九個新自貿區的公布，更展現中國大陸發展自由貿易決心。

　　九個自貿區除強化進一步擴大開放，更要落實才公布不到四個月的「外商投資法」，讓外資合法權益可得到完全保障。眼前中國大陸有二十一個省市設立自貿區，就可看到中國大陸拼經濟的決心。

　　台灣的示範區推動，起步比中國大陸早，但目前成果爲21：0，不禁令人感慨，兩岸自由經濟區命運爲何如此大不同。

　　回想台灣示範區優先在高雄推動時的宣布，示範區政策成爲全球矚目新聞焦點，但後續規劃失當，未能堅持優先在高雄推動，釀成同時推動六海一空外加屏東生技園區的「三個和尚沒水喝」的悲劇，馬前政府是錯過示範區推動的大好時機，但它讓台灣看到必須進一步對外開放，才有機會再成長，但蔡政府在第一任任期剛上任滿月就爲示範區劃下休止符，只會讓人覺得目前的執政黨好像只會杯葛，提不出能比示範區更好的開放政策，來振興台灣經濟。

　　環視東亞地區，包括中國大陸、日本、韓國等三地區都提供各種名稱不同的示範區，來迎接全球自由化經濟的挑戰，表示示範區的概念是正確的，也是東亞各地區努力競爭的方向，台灣就這樣無聲無息

的終止，豈不悲哉！更會讓外商覺得台灣新政府的開放政策，只是嘴巴說說而已，盼望蔡政府能在這一任期提出示範區的替代方案，好好為台灣拚經濟。

當初「自由經濟示範區特別條例」法案規劃，是要將分散各部會妨礙台灣開放市場的規定做集中處理，方向基本上是沒有錯，而蔡政府目前是朝各部會自行修法來配合，不是不可行，只是更難掌握協商進度，同時又會顧此失彼，會讓開放市場進度原地踏步，從目前政府外資引進成效居世界銀行各地區國家排名的後段班，就可看到目前政策的不彰，盼望蔡政府能夠盱衡東亞各地自貿區或自由經濟區的推動成效，尤其是對岸的前四波十二個自貿區的開放內容與成效，再起示範區決策。

馬前政府時代推動示範區政策是投入不少經費進行規劃與法案作業，這些計畫與法案作業的研究人員，刻下有人進入蔡政府服務，期盼這些人員能堅持他們當時的規劃理想與理念，來開展台灣開放市場的決心。民進黨又再次執政，同時掌握立法院多數席次優勢，國民黨昔日黨版的法案被民進黨質疑出賣台灣人，眼前民進黨在立院掌握多數席次，絕對可以將國民黨的示範區版本翻修成民進黨所想要的版本，不要讓國人懷疑民進黨只有杯葛能力，而無規劃、執政能力，再起示範區新方案吧！開放是台灣唯一的出路，讓示範區成為台灣拚經濟平台。

2020年10月26日 台灣公論報

五、國土規劃

1、蓋滯洪池防災，不如增強國土韌性

「多一分準備，少一分損害」，用來處理天災人禍的危機管理，一點也不落伍。

八二三大雨成災，引發國人對「韌性城市」建設的重視。台灣近年大力推動的「海綿城市」不過是「韌性城市」的一環，有「海綿城市」建設並不代表能遠離水患，有「韌性城市」也不代表能遠離災難，認真做好防災、減災及迅速救災與復建，才是正途。

日本防災規劃有兩大區塊，一是防災計畫，一是國土強韌化計畫；兩者有些重疊，如災害預防、建立快速復舊、復興與應急體制，但兩者仍有些不同，防災計畫中的應急、復舊、復興；強韌化計畫為社會經濟系統強韌化，強韌化計畫可補防災計畫不足。

日本國土強韌性計畫觀念源自西方「韌性城市」，但日本不只有水災，還有地震、颱風、海嘯，西方「韌性城市」不能完全適用，因此修正為國土強韌性計畫，2014年開始推動，目前僅剩二縣未公布，但市町村公布比率仍偏低，遠不如防災計畫。這也可解釋為何日前日本大水災，社會經濟系統無法即時因應，但復建工作依然表現亮麗。

日本國土強韌性計畫設定八項事前應預備目標，目的在要求大型天災時，謀求人命最大保障，能迅速救助、救護、醫療，確保大型天災甫發生後，不可或缺的行政機能，確保資訊通信機能，確保經濟活動運作，並確保生活與經濟活動必需的最低電力、瓦斯、自來水、下水道、汽油供應、交通網路在最短期間內恢復正常，控制不發生二度災害，打造大型天災後能迅速恢復重建的條件等。這八項目標又細分四十五項不得發生的最惡劣情境（風險情境），供地方政府診斷脆弱性，而提出地方政府的國土強韌性計畫因應各種災變。從八項事前應

預備目標，可發現偏重在預防基礎設施不失靈、不中斷，而非台灣政治人物標榜的「滯洪池」建設。

其實營建署2017年就引進日本國土強韌性計畫觀念，很遺憾未能即時派上用場，盼望朝野在救災同時好好規劃台灣版的國土強韌性計畫，落實未來國土計畫，不要盲目追求開發與「滯洪池」建設，畢竟國土強韌性計畫與防災計畫，可能也敵不過老天爺。

2018年08月28日 聯合報

2、從農業政策解決違章工廠問題

違章工廠問題是造就台灣經濟成長的歷史共業問題，政府與業者都有責任，最無辜的是目前仍謹守農業的農民，其收成常因鄰近工廠排放物而銷毀，損失慘重，如果汙染農產品未在第一時間封存，而流入市場，將嚴重影響國人健康。

站在國土利用的角度，違章工廠問題是一定要解決，不解決除產生政府威信一再受挑戰外，還有不公平、不正義、不道德問題，拖愈久，牽涉更廣愈難處理。目前政府所透露的辦法，是想藉由「就地合法」，但遭不少環保組織批評，這是一種不公平、不正義，讓違法人能坐收暴利，對長期謹守農業，供養台灣民眾的農民，是何等的不公平。

台灣農業的自給率要多少，在兩岸對峙時代是很清楚交代，因此劃設一定農地來供應軍民所需糧食，隨著解嚴，兩岸不再有軍事對抗，加上台灣民眾飲食更加多元化，不再以稻米為主食，讓台灣農政官員早已忘掉糧食自給率問題，台灣到底未來需要多少數量農地來供應糧食，恐怕高級農政官員心中都沒有一個數字，近幾年大量農地被「種屋」、「種電」便是項證明。

個人每次搭高鐵南來北往時，發現台灣農地被侵蝕得相當嚴重，除少部分路段可看到成片農田，南北建築物（包括工廠）幾乎連成一線，這也就是個人認為違章工廠問題相當難處理的主因。

儘管難處理，但政府還是要下定決心處理，個人認為要先要求農委會會同縣市政府共商農地總量與各縣市數量，要求縣市政府也要定出糧食自給率，當有了農地數量後，再由內政部、經濟部共同會同縣市政府，將違章工廠劃設分區，逐區檢討目前違章工廠有無妨礙或汙染農業，妨礙或汙染農業土地大於農地、或妨礙或汙染農業土地是無

法復原為農業，可透過新規則同意變更為工業區土地；妨礙或汙染農業土地比例小於農地、或妨礙或汙染農業土地是可排除並可復原為農業，則不同意變更，並強制復原為農業。

個人建議的變更新規則，包括兩項補償、一項回饋金。第一項補償是針對農民健康而發，第二項補償是因限制農業使用，回饋金則是工廠企業主因農地變更的增值來回饋農民與社會大眾，回饋金與補償金採每年二次發放，讓農民感受守護農業、農地是受重視與尊重。

最後個人要提出讓農民覺得農業是有前景，他們就會死命保護農地，就不會被誘拐變更使用，因此台灣農業單位要挺身而出，訂定出有前景的農業政策，不但能掌握台灣糧食安全，更能將農業產品加值化，提升農民收益，方能讓違章工廠問題的土地問題有效解決。

2019年05月15日 蘋果日報

3、韌性之島台灣，危機管理的新方向

　　二十年前的921大地震造成台灣重大傷亡，當年執政的國民黨也暴露出諸多救災與復建不力的缺失，讓當時行政院院長連戰先生競選總統大位時，蒙上不利因素，而促成政黨輪替，民進黨上台後，對救災與復建工作有無貢獻，答案很清楚，與國民黨並沒有兩樣，921大地震後，民進黨兩次執政，台灣還是有許多天然災害與人為災害，這些災害依然重創國人生命與財產，顯示台灣的救災與防災仍需強化，方能讓我們的民眾有一個安全的家園。

　　進入21世紀以來，全球歷年天災不斷，真的應了中國老祖宗的「天有不測風雲、人有旦夕禍福」諺語，因此聯合國轄下減少災害辦公室在2004年就出版一套兩冊《與風險共存》（*Living with risk*），提醒各國要注意氣候變遷所引發的災害，也提醒要做好災害預防與減少災損，韌性城市（resilient city）也開始被討論，2013年在洛克斐勒基金會贊助下，成立100韌性城市聯盟，廣受各國響應，顯見打造韌性城市的重要。

　　日本在阪神大地震後，也繼續發生多次大地震，其中2011年的福島東日本大地震所引發的複合型災害更震驚全世界，也讓日本政府感受到國土韌性的重要，遂在2014年推動國土強韌計畫，日本國土強韌計畫最核心的工作是日本政府總結從關東大地震超過上百年的受災經驗，整理出45條風險情境，再交由地方政府：都道府縣與市町村進行與原先防災計畫做密合工作。日本近幾年颱風與地震依然頻傳，所產生的問題如電廠受災、兩座機場同時無法運作、旅客滯留安置等，都在45條風險情境中，因此日本政府兩級政府是依國土強韌計畫在短期間內恢復其原有的社會經濟系統，讓日本民眾恢復正常生活，值得

台灣借鏡參考。

　　颱風與地震也是台灣一直不斷的災害，但我們政府卻無法像日本政府般劍及履及的推動國土強韌計畫，倘若颱風與地震也同時降臨台灣，台灣地方政府與人民要如何因應，居安要思危，別人的血的經驗若無感受，真的是叫愚蠢，因此政府是有必要儘速推出台灣版的國土強韌計畫，內政部在民國106年12月研訂「地方層級國土計畫災害韌性規劃參考準則」用意良善，但我們中央政府卻無國土計畫災害韌性規劃準則，因此認為台灣應學日本中央，先訂出台灣版的國土強韌計畫，再要求地方政府跟進，台日的天然災害非常近似，內政部是可以好好根據日本45條風險情境來檢討台灣風險情境後，再請地方政府因地制宜提出縣市國土災害韌性規劃，讓我們的民眾能與風險共存，也依據國土計畫災害韌性規劃，訂出災後復建計畫，讓民眾能真正安居，2020總統大選在即，但朝野候選人對攸關台灣人民生命財產安危的國土安全應變論述，都無著墨，實在有虧人民的期待，吸取日本與其他先進國家韌性城市與國土的經驗，打造台灣成為一座韌性之島，應該是未來新政府的施政重點，才能確保民眾有一個安全的家。

2019年10月12日 工商時報

4、修正補強台灣的國土規劃

　　內政部於2018年4月30日公告實施「全國國土計畫」，但個人認為台灣目前的這本國土計畫少了台灣整體發展定位與願景描述，也缺乏區域均衡與空間整合分工論述，有違國土計畫是台灣長期發展計畫領頭羊的角色地位，希望主管部會能立即修正補強。

　　定位與願景及空間整合分工，個人建議未來補強時可以參考粵港澳大灣區發展規劃綱要，粵港澳大灣區有五項定位：（一）建成充滿活力的世界級城市群；（二）成為具有全球影響力的國際科技創新中心；（三）為「一帶一路」建設提供重要支撐；（四）深化內地與港澳在前海、南沙、橫琴等區域的合作；（五）共建宜居宜業宜遊的優質生活圈。

　　希望2022年可形成成為國際一流灣區和世界級城市群的基本框架；2035年全面建成國際一流宜居宜業宜遊灣區，以此論述在全球與兩岸發展的角色與地位。

　　空間整合分工是粵港澳大灣區十一個主要城市做分工與定位，香港定位為更具競爭力的國際大都會、澳門為促進經濟適度多元發展、廣州為國際大都市、深圳為有世界影響力的創意創新之都、珠海定位珠江西岸核心城市與創新高地並配合澳門建設世界旅遊休閒中心、東莞為先進製造中心與戰略性新興產業研發基地、佛山為製造創新中心與製造業轉型升級綜合改革試點、中山為先進製造基地與孫中山先生歷史文化名城、惠州為科技成果轉化高地與探索開通海上旅遊航線、江門為灣區西翼門戶城市與華僑華人文化交流合作重要平台、肇慶為大西南區域門戶城市與綠色農副產品集散基地。

　　以此精神來規劃台灣地區六都十六縣市的角色與分工，可讓台灣

有限資源能做更合理分配使用，使台灣的能量能在國際競爭更能脫穎而出。

地方均衡發展，一直是許多國家發展之痛，台灣也不例外，近年北北基桃的過度發展比過往更嚴重，但蔡政府進入執政的第四個年頭，依然提不出可行策略，韓國文在寅政府的國政一○○計畫目標四中三項戰略，十一項政策，可供台灣政府參考：

第一項戰略為實現根深蒂固之民主主義分權自治體制，包含推動具有活力之自治分權，實現全民參與體制、為期推動地方政府財政獨立，將加強財政分權體制、復甦教育民主主義，擴大教育自治、加速完成世宗特別市及濟州特別自治區之分權模式等四項政策。

第二項戰略為推動全民均富之成長，涵蓋致力全體國民均富之國家發展、為期增加都市競爭力，改善人民生活品質，將加強推動都市更新計畫、透過復甦海運及造船產業，塑造海運大國等三項政策。

第三項戰略為建構人民均願回歸農、漁村之社會，包括推動任何人均願意回到農、漁村居住之福祉環境、擴大農、漁民所得之基礎、建立可以永續發展之農產品產業環境、塑造潔淨之海洋及充裕之漁業資源等四項政策。

其中第一項戰略的四項政策正是台灣地方自治所需要的，海洋相關政策更是台灣國土政策所缺乏的，都值得台灣國土規劃部會學習與補強台灣現階段國土計畫。

2019年12月16日 台灣公論報

5、國土計畫，壯志未酬身先傷

　　2015年12月在立委邱文彥、林淑芬、田秋堇等強力推動和民間團體壓力下通過國土計畫法，也於2016年1月公布，內政部隔兩年公告實施「全國國土計畫」，目前各縣市政府的國土計畫無法按時交卷。國土計畫無法落實實施，就個人理解最大爭議在農業區的農地數量的劃設，此舉會影響城鄉發展土地，也影響人民土地變更權益，讓縣市政府不敢定案，因而行政院要求修正國土計畫法，增訂「經行政院核定之國家重大建設計畫」，得變更國土計畫，讓國土計畫能否按原先理想實施，蒙上陰影。

　　目前國土計畫法，將把國土劃分為國土保育、海洋資源、農業發展及城鄉發展等四個功能分區，以國土性質區分使用管制程度。國土保育地區應以保育及保安為原則，得禁止或限制使用；海洋資源地區應以資源永續利用為原則，建立使用秩序；農業發展地區應以確保糧食安全為原則，避免零星發展；城鄉發展地區應以集約發展、成長管理為原則，創造寧適和諧之生活環境。分區劃設全國國土計畫，每十年通盤檢討一次，直轄市與縣市國土計畫每五年通盤檢討一次；其中並規定了五種情事，得適時檢討變更之。

　　其實，國土計畫可以適時檢討變更的情事之一，「政府興辦國防、重大之公共設施或公用事業計畫」，便與目前擬新增的「經行政院核定之國家重大建設計畫」非常近似，因此行政院此舉是多此一舉，或許是想要藉由修法取得「空白授權」直接變更，這也就是目前朝野立委齊聲反對的主因。

　　台灣、韓國、中國大陸的國土計畫都有師法日本，韓國是最早學習成功，目前已進入第五期研擬中；中國大陸也在前幾年公布第一次

　　全國國土計畫。台灣則早在四十多年前就引進日本國土計畫，但我們的國土計畫法在立法院五進五出躺了二十三年，因此國土計畫連一期都沒實施過，豈不汗顏？

　　日前報載屏東沿山公路台糖的平地造林區要變更為太陽能光電區，就是縣市政府國土計畫無法按時公布的後遺症，讓台糖公司有機可乘。因此筆者呼籲行政院應要求縣市政府按原訂期程公布各縣市國土計畫，好好落實實施中華民國第一期國土計畫，不要讓國土計畫，壯志未酬身先傷。

　　至於劃設農業區土地數量問題，個人建議透過生態補償機制，以人口數為基準，來核算糧食自給所需農地面積，無法劃足的縣市要提供經費補償農地劃設數量多的縣市政府與農民，讓農民有更多收入來源，讓農業縣另外有新歲入來源，如此農地劃設壓力就能平順解決。

2020年03月03日 聯合報

6、兩種方法化解國土計畫農地編定問題

　　台灣國土計畫法，於2016年1月6日公布，內政部隔兩年於2018年4月30日公告實施「全國國土計畫」，但各縣市政府的國土計畫無法按時交卷，刻下國土計畫是無法落實實施，就個人理解，最大爭議在農業區的農地數量的劃設，如何解決各縣市國土計畫的農地編定數量問題，個人認爲可從兩方面著手，即生態補償與智慧農業。

　　爲確保台灣糧食安全，保留一定數量的農地勢必要的，各國政府在推動國土計畫時，都劃下一條紅線來保留農地，台灣的國土計畫也不例外，目前各縣市政府的國土計畫無法按時交卷，個人側面了解在農地數量，都市化程度較高的縣市政府，會想少一些農業區，多一些城鄉發展區；都市化程度較低的縣市政府，則不想保留太多農業區，而希望爭加多一些城鄉發展區，來發展工商業，但民以食爲天，沒有劃設一定數量農地，台灣糧食供應會有危機風險，個人認爲可從建立生態補償制度來化解目前各縣市政府的國土計畫無法按時交卷問題，生態補償制度從各縣市的人口數，推估其糧食自給率的農地數量，無法編定地縣市政府，要向編定較多的農業縣提出生態補償金，每年給農業縣農民補償並提供一定建設經費給農業縣政府，如此運作可能化解農業縣不願編定過多農地壓力。

　　但要確保農業是要讓農業有穩定可觀收入，才是解決農地編定問題的核心，生態補償制度可讓農民有另一項收入，但如何從降低農事成本、增加農產品收益，才是現代農業核心問題，而發展智慧農業是可達成此項工作。朝開發節省勞動力，減輕勞動力並提高農業生產精確度技術發展，目的在促使農業，林業和漁業成爲一個有吸引力的產業，這種廣泛使用諸如機器人技術，ICT（信息和通信技術），AI

（人工智能）和IOT（物聯網）就通稱為智慧農業。

日本智慧農業有五項願景：（一）實現省力和大規模生產、（二）農作物的生產能力最大化、（三）讓農事不再是辛勞與危險、（四）新手也可從事農作、（五）讓消費者與使用者能信賴與安心，這五項願景，基本上反映降低農事成本增加農產品收益，兩項農業核心問題。智慧農業新技術如經營生產管理系統·機器人拖引機、自動操控系統、拖引機（配備自動操控系統）、高性能種植機、遙控割草機、高性能收割機、動力服、無人機、水管理系統、現場監控系統與其他農業新技術，來積極解決兩項核心問題。前述技術其實是需要農業大數據來支撐，因此日本政府在近年整合許多政府和研究機構的公共數據，建立了一個「農業數據鏈接平台」（俗稱WAGRI），WAGRI除提供生產作業數據，也整合生產消費數據，提醒農民不要盲目生產，避免產生量多價跌，使血本無歸情況，將可確保農民農業收入，有穩定地農業收入，台灣若能向日本學習落實推動智慧農業，加上又有生態補償金制度，個人認為會有助於化解目前國土計畫的農地編定問題。

2020年03月23日 台灣公論報

7、廣建大冷藏庫，救產銷失衡

　　台灣鳳梨最大出口市場確實是中國大陸，沒有大陸市場當然會影響鳳梨農民收入，大陸此舉傷了台灣鳳梨農民的心，也引發台灣民眾仇中情緒，大陸相關單位沒有在對的時間做對的事，是最大敗筆。

　　過往「兩岸一家親」情勢下，介殼蟲問題易被忽視，此刻兩岸不像過去水乳交融，許多問題就被搬上檯面，這可能是起端，未來可能還有更多問題會被提出，蔡政府應提前做模擬因應，不要像鳳梨問題，只知撒錢或鼓勵民眾吃鳳梨，根本無法徹底解決農民鳳梨滯銷問題。

　　許多農產品豐收時，就會產生產銷失衡，香蕉、大蒜、高麗菜都演出過「穀賤傷農」情事。撒錢是可讓政府或政客舒緩民怨一時，但豐收產量太大時，有時候「錢」是無法無限上綱，也未必能真正解決農產品滯銷問題。

　　在冷戰時期，台灣為因應被封鎖危機，因此有戰備存糧設計，昔日農政單位就廣設糧倉。近三十年來，軍事對抗趨緩，戰備存糧設計時間縮短，加上民眾飲食習慣大變，許多糧倉閒置不用。其實這次鳳梨事件，台灣若有許多大型冷藏庫，鳳梨其實是可慢慢消化，因此可運用新冷藏或新保存技術來全面改建目前閒置糧倉成為大型冷藏庫，這些大型冷藏庫不但可用來解決產銷失衡，也可應付農產品被拒突發問題，使農民權益不致蒙受巨大傷害。

2021年03月04日 聯合報

六、振興經濟與產業規劃

1、不要錯過發展石墨烯產業

　　2004年英國曼徹斯特科學家安德烈‧蓋姆與康斯坦丁‧諾沃肖洛夫成功從石墨中分離出石墨烯，兩人也因此共同獲得2010年諾貝爾物理學獎，這一新材料問世後，對許多產業起了翻天覆地的變化，石墨烯頓時有「新材料之王」、「黑金」的雅稱，各國政府也紛紛將石墨烯產業列為重點產業，大力支持，如美、日、歐盟、韓國，甚至沙烏地阿拉伯的「迎接未來」計畫、阿拉伯大公國的「820」計畫都可看到石墨烯產業發展。

　　由於石墨烯的應用領域相關寬廣，如電子元件的散熱材料、柔性觸控螢幕、傳感器與晶片材料，在能源領域的應用有鋰電池、燃料電池、太陽能電池、超級電池／電容器，而實際上石墨烯產業最大應用領域為複合材料，包括航太、電子、船舶、環境淨化、汽車、醫療，因此中國大陸早在十二五期間就將石墨烯產業列為重點新興材料產業，寧波市是第一個提出完整石墨烯產業發展規劃的城市，面對中國大陸如此積極發展石墨烯產業，台灣是不是更應見賢思齊的作法？

　　中國大陸是全世界石墨第二存量國家，過往出口低價石墨供美日先進國家加工成石墨烯，現在看到石墨烯產業的重要，除將石墨提升為戰略物質外，更早在十二五期間，就將石墨烯產業列為戰略產業，目前中國大陸的石墨烯產業群聚在無錫、常州、南京一帶已形成，無錫是繼寧波市之後，也發布石墨烯產業發展規劃，而常州市卻是中國大陸石墨烯製造商最多的城市，目前正發展石墨烯產業造鎮計畫，無錫、常州屬長三角，是台商密集地點，說不定台灣石墨烯產業人才早被吸引過去。

　　從網路上公布資訊，福建省、四川省、黑龍江省在十三五期間分

別提出「福建省石墨烯產業發展規劃（2017-2025）」、「四川省石墨烯等先進碳材料產業發展指南（2017-2025）」、「黑龍江省石墨烯產業三年專項行動計畫（2016-2018）」，積極發展石墨烯產業，四川、黑龍江是中國大陸石墨儲存省分，福建石墨也有儲存但比重不高，但為何會將石墨烯產業發展規劃明確列為其未來新興產業，原料是可從其他省分輸入，如湖南、內蒙古，但重點是石墨烯產業研發與製作人才，福建石墨烯產業人才可能是不足的。前些日福建、廈門的惠台措施相繼公布，個人深信這些措施對石墨烯產業人才的爭取是有加分效果，政府若不在產業發展更有積極作為，台灣許多產業人才會被挖空，再想到要發展產，恐怕是癡人說夢。

中研院周美吟副院長，是台灣頂尖石墨烯材料研究專家，也擁有不少石墨烯專利，個人相信台灣像周美吟副院長一樣優秀的石墨烯科學家也不在少數，政府應花點心思積極發展石墨烯產業，整合台灣石墨烯上中下游人才，讓台灣石墨烯產業能與中國大陸石墨烯產業生產分工，而有一席之地，畢竟石墨烯產業是未來主流產業之一，倘若政府繼續迷戀目前產業政策，個人擔心整個台灣石墨烯產業人才可能會為對岸福建省所用，到時候吃後悔藥已來不及，刻下石墨烯產業人才還為數可觀，台灣若能即時把握，說不定又可創造出類似半導體產業的經濟榮景。

2018年08月30日 工商時報

2、搭不上創新力的產業政策

　　瑞士世界經濟論壇（WEF）近日發布「2018年全球競爭力報告」，在140個國家中，台灣表現不俗，名列13，其中創新力表現尤為突出，排名第4，僅次德、美、瑞士，如此有實力的創新力，為何經濟競爭力遠不如新加坡、日本及香港，個人願從新加坡、日本、香港產業政策規劃來分析，為何創新力佳但競爭力輸人一大截的主因。

　　新加坡在WEF排列第二，其IT技術是其強項，其數字戰略「智慧國2025」（smart nation 2025）也走在全球前緣，此刻新加坡未來經濟戰略中提出七大經濟戰略，各戰略緊密結合其中增強數位能力戰略，一方面呼應智慧國2025，另一方面與之搭配規劃的六大產業集群（製造業、建築與環境、基本公共服務、現代服務、生活服務、貿易運輸與物流）23項產業，從這些產業的公布產業轉型藍圖（Industry Transformation Maps, ITMs）規劃可以看到數字經濟已經在新加坡開展。民進黨政治人物曾視新加坡為蕞爾小國，表現十足無知，但星國能與時俱進思考，投入增強數位能力預算，同時根據新加坡出口比重排名前面，累加超過80%的各行業，來推動數字經濟，並參考新加坡ITMs協助國內各產業轉型升級，並提升競爭力，新加坡WEF 2018年的評比，證明新加坡的產業政策已發揮作用，台灣是否應見賢思齊來好好調整我們的產業政策。

　　再看另一個創新力落後台灣，但競爭力強過台灣排名第5的日本，日本的最新產業政策表現在兩項計畫：日本再興戰略2016與未來投資戰略2017/2018，從計畫中可發現日本未來產業有：物聯網、大數據及人工智慧、健康產業、環境能源產業、體育運動產業、住宅產業、生產服務業、農業外銷、觀光、自動化、金融科

技（Fintech），遠距服務等，配合這些產業，兩項計畫也臚列一些配套方案如人力培育，放寬保護，因此安倍經濟學也受到矚目，WEF2018的評比也證明日本產業政策收到效果。

　　香港的創新力也不如台灣，但競爭力高出台灣許多，排名第7，其目前產業政策是構建「1+3」產業體系，1是指發展香港成為全球性國際金融中心，3是指鞏固提升香港國際貿易中心及物流樞紐地位、鞏固提升香港世界旅遊中心戰略地位、鞏固提升香港國際創意產業及科技創新戰略地位，透過新的產業體系建立，也強化其科技創新，因此2018的評比在亞洲地區也表現亮眼，值得蔡政府省思。

　　蔡總統上任快兩年半，其產業政策始終掛在「五大創新產業+2」，從目前推動來看，亞洲矽谷跟本不是一項產業，剩下6項，智慧機械是台灣自認是強項中的強項，但就機器人產業的世界強國的發展內容，個人認為未必如此，容不得政府如此客觀；農業科技是台灣強項，但台灣農業缺乏品牌與加工，因此附加價值一直無法突破，生物醫藥某些領域是有點強項，但缺乏市場開發能力，也無法大力成長，國防產業、綠能產業科技創新力都不是台灣目前創新力強項，因此個人解讀現階段台灣的創新力是與產業政策規劃脫節，這就是造成目前台灣「悶經濟」主因之一，因此政府是應好好依據台灣的創新力來修正「五大創新產業+2」產業政策，來釋放台灣創新力，進而提振台灣經濟，新加坡、香港、日本的產業規劃都值得台灣參考。

2018年10月30日 工商時報

3、開放是經濟發展成功的硬道理

　　2018年初，博鰲論壇與近日上海舉行的中國國際進口博覽會（簡稱進博會），中國大陸習近平都親臨主持，並宣布四大舉措來擴大開放，個人感受到中國大陸已掌握到唯有開放才能像海納百川，讓中國大陸經濟生生不息持續發展。回顧台灣經濟發展成功故事，被譽為「台灣奇蹟」，也被稱讚為亞洲四小龍之首，這些讚譽的背後關鍵要素就是台灣過去一直在推動不斷的開放如「加工出口區」、「科學園區」每一次的開放政策都形成另一波經濟成長。

　　對照中國大陸在1978年起也開始掀起開放政策迄今滿四十年，從四大特區政策形成到沿海城市開放、沿邊城市開放以及廣設各種經濟技術開發區、高新技術產業開發區與保稅區等同樣也和台灣一樣快速經濟成長，而讓中國大陸成為製造大國、世界最大經濟體，目前兩岸其實都同樣面對不同程度的產業轉型以及升級，從兩岸過去發展故事，個人體悟到「開放」是兩岸經濟成功的共同關鍵因素。

　　馬政府的「自由經濟示範區」與兩岸的ECFA協議，台紐、台新的自由貿易協議，基本上是台灣新一波的開放政策，無奈因民進黨一再杯葛讓「自由經濟示範區」與兩岸的ECFA協議的後續服貿與貨貿協議，連帶使台灣對其他國家或地區的FTA沒有進展，使得國民黨主政的台灣經濟走不出去，也讓包括中資的外資走不進來，讓台灣對外經貿形勢邊緣化，許多對外市場如歐盟、美國、中國大陸，因韓國與這些地區國家完成簽署FTA而被侵蝕，讓台灣經濟始終無法起色。民進黨政府押注美國主導的TPP美夢，因川普入主白宮而破滅，台灣勢必要加強與各國的雙邊FTA進度，否則是可能加重影響台灣經濟，但光從目前從美方的各種訊息，含萊克多巴胺的「美豬」不開放，

TIFA台灣連想都不必想，盼望民進黨政府能夠虛心認識台灣處境，好好思索規劃台灣FTA戰略。今年是中國大陸改革開放40周年，成就中國大陸為經濟大國，但要成為強國，進一步的開放市場是無法避免，也認清要開放走出去的重要，因此也全面規劃與各國或地區FTA簽署工作，讓中國大陸能大步的走出去，也讓更多外資走進來。為讓中國大陸各省市能積極適應未來經貿市場遊戲規則，則透過「自由貿易試驗區」的試點城市的推動，讓其國內市場能先行開放來引領中國大陸各地的經濟發展，三波「自由貿易試驗區」的推動已讓中國大陸各界體會到進一步開放是對未來成長的十分重要，伴隨著「自由貿易試驗區」與FTA的推動，中國大陸更積極的推動「一帶一路」戰略來擴充「自由貿易試驗區」與FTA成果。

　　目前中美貿易戰持續進行中，習近平在進博會的談話，某種程度也在釋放中國大陸有誠意要透過更多開放措施，包括智慧財產權保護來改善貿易逆差，畢竟中國大陸已體現改革開放諸多紅利，開放市場勢不可回。對照兩岸經貿因「九二共識」而加溫，也因蔡政府上台二年多，一再拒絕「九二共識」兩岸經貿因而退燒而失溫，台灣許多產品包括農產品因此賣不出去，造成台灣百業蕭條，兩岸經貿是全球經貿一個環結，台灣拒絕中國大陸，就把自己打死結，等於拒絕全球市場。

　　台灣要改善目前經濟困境，首先要承認「九二共識」對中國大陸開放，並回頭推動「自由經濟示範區」與ECFA協議後續開放政策，台灣要加入RCEP與CPTPP應該有機會，倘若蔡政府願用更宏觀開放角度，接受中國大陸的「一帶一路」戰略，台灣經濟其實還有許多出口市場機會來壯大台灣經濟，從兩岸經濟發展軌跡，開放是經濟發展成功的硬道理，中國大陸持續把握，而台灣卻一再遺忘。

2018年11月23日 工商時報

4、要拚經濟，更要有感

　　蔡總統在九合一大選前，一直強調社會住宅、長期照護、年金改革、產業創新研發、轉型正義等施政績效，但大選落幕，民進黨大敗，22席次縣市長僅剩6席，得票數比國民黨少了120萬票，凸顯其施政不得民心，民眾對其施政績效無感。從韓國瑜的「貨賣得出去、人走得進來、高雄發大財」這句話感動高雄人並席捲台灣，不難發現台灣人民最希望政府拚經濟，拚經濟才是台灣當下最主要的議題，是蔡政府翻轉施政不力的焦點。只有拚經濟，陷泥淖多年的不景氣、年輕人的低薪問題才能迎刃而解。

　　個人認為下列三件要務是蔡政府大破大立，可讓人民對政府拚經濟有感的作為。

　　台灣拚經濟的核心在於如何透過創新、創意來帶動產業轉型與升級，因此產業政策絕對不是只有「5+2」產業計畫所涵蓋的，況且五大產業創新研發計畫至少有三項不被國人看好，蔡總統不妨好好閱讀中國大陸十三五計畫的產業、科技創新規劃以及「中國製造2025」計畫內容，來調整目前政府的產業規劃。沒有正確可行的產業政策，當然無從拚經濟，這是第一件要務。

　　台灣即使有妥善的產業政策能讓產業轉型與升級，尚須FTA經貿戰略與自由經濟區等第二、第三要務來搭配，才有辦法讓貨賣得出去、人走得進來。沒有FTA，台灣的產品與服務業受到關稅影響，少了價格競爭力，不可能走得出去，這將讓產業轉型與升級工作前功盡棄。

　　沒有自由經濟區配合，新技術、新人才、國外資金是不會進來，對台灣產業轉型與升級非常不利，馬政府黃金十年的FTA經貿戰略與自由經濟區規劃，被在野的民進黨立法委員不斷杯葛而胎死腹中。蔡

總統上任兩年半來，至今沒有具體提出要如何進行沒有「九二共識」的FTA經貿戰略的路徑圖與時程表，更沒有提出自由經濟區的替代政策，在這種情境下，台灣民眾當然無法相信蔡政府能拿什麼來拚經濟。

蔡總統這兩年半確實沒有掌握台灣民眾要拚經濟的心聲，唯有經濟成長，國家財政收入才能增加，蔡總統不妨想一想，1990年代台灣錢淹腳目，台灣有無年金問題？年輕人買房有無信心？年輕人買房問題都肇因於台灣經濟發展停頓，一直處於低薪窮忙狀態。

90年代四小龍之首的台灣已落後新加坡、香港、南韓許多，如果台灣能像新加坡一樣透過拚經濟的產業政策，台灣人均所得就有機會跟新加坡一般達54,530美元（2017年），屆時台灣稅收就會是現在稅收的兩倍多，政府財源充沛，台灣怎會有年金問題？

選後民意再清楚不過，蔡總統要痛定思痛，短期間做好前述三要務，並提出拚經濟施政藍圖，經濟好，各種問題都能迎刃而解，同時也贏回民心。

2018年12月18日 中時新聞網

5、「拚經濟做到了」，誰在喊口號？

　　韓國瑜市長訪美，在僑界餐會批評三位台大法律系出身的總統，把台灣經濟搞殘。蔡英文總統立即回嗆韓市長是喊口號，並認爲她有改善台灣經濟體質、發展創新產業、廣結國際友人、吸引外資投資，她做到了。但國人絕對不會認同台灣經濟體質有改善。蔡總統近三年來已講過多次拚經濟，但謊話一再重述，無法取信國人。個人認爲如果蔡總統願意做到下列四件事，不但讓台灣有目標方向，貨會賣出去，人也會再進來，台灣就會人人發大財。

　　一是提出一個施政藍圖與目標，給國人一個五年計畫與一些具體數字，如創造多少就業機會或增加多少產值或出口值及增加多少%所得，而不是用一些華麗的詞藻來唬弄國人。對照菲律賓，都能提出2017至2022年的國家發展規劃，蔡總統與民進黨難道不覺得慚愧嗎？

　　二是處理好兩岸關係，蔡總統目前依然提不出一項能讓中國大陸與美國都認同的兩岸政策。蔡總統的兩岸政策從早先圍繞在「維持現狀」，到近日將「九二共識」與「一國兩制」劃上等號，讓兩岸關係更加嚴峻。「九二共識」是能中國大陸與美國都認同的最佳兩岸政策，民進黨過去也受惠於「九二共識，一中各表」，否則陳菊哪有機會赴大陸訪問，邀請大陸城市來台灣參加亞太城市論壇與世界運動會，與綠營縣市長登陸賣農漁產品？

　　三是加緊台灣經貿戰略，蔡總統不要「九二共識」的FTA行動路徑圖至今未清楚說明白，很遺憾，我們只看到空洞的深耕新南向，爭取加入CPTPP。坦白說，台灣經貿戰略在太陽花學運後，進度幾乎停擺，面對各國雙邊協定的成功或近日CPTPP生效消息頻傳，蔡總統難道不應更加強作業，清楚向國人表明在未來幾年要達成多少項FTA？

　　四是推動台灣自由經濟示範區，FTA是讓我們廠商走出去，自由經濟示範區則是讓外商、外資走進來，目前中國大陸推出四波省市自由貿易實驗區，合計有十二個省市在推動市場開放與國際接軌。如果再觀察日本的「戰略特區」、韓國的「自由經濟區」都著眼市場開放與國際接軌，不難發現馬政府時代的自由經濟示範區方向是正確的。蔡總統上台後，這項市場開放與國際接軌胎死腹中，過去推動不力是因民進黨杯葛，現在民進黨完全執政，應該可以推動民進黨黨版的自由經濟示範區，讓國內市場開放並與國際接軌。

　　2020年國人給民進黨執政機會，但民進黨卻怪罪當時立法院由國民黨掌握，以致一事無成；2016年人民又給民進黨完全執政機會，但蔡總統近三年始終拚政治搞鬥爭，2018年九合一選舉人民用選票唾棄民進黨；不做好前述四件事，人民不會相信蔡政府拚經濟，2020年會再用選票教訓民進黨。

2019年04月16號 聯合報

6、用OKR制度，讓台灣經濟轉型成長

　　OKR（目標與關鍵結果，Objectives and Key Results, OKR）是近年來美國矽谷科技公司掀起的績效管理方法，如果能準確地使用，是可以改進KPI的缺失，OKR就這樣被推廣，它幫助我們關注目標，聚焦運作，做好自己，OKR原是英特爾公司用以解決目標聚焦與執行效率的工具，基本上，科技公司在目標聚焦與執行效率存在難以克服的問題，而OKR的最大用處在透過目標識別（O）和關鍵結果（KR），持續對齊，頻繁更新，讓科技公司在競爭激烈環境中，讓企業目標與部門目標，團體目標與個人目標保持對齊，使企業反應更敏捷，進而提升企業經營績效。

　　OKR是一套嚴密的思考框架和持續的紀律要求，旨在確保員工緊密協作，把精力聚焦在能促進組織成長的、可衡量的貢獻上，而目標與關鍵結果是其兩大組成，目標是指驅動組織朝期望方向前進的定性追求的一種簡潔描述；關鍵結果是一種定量描述，用於衡量指定目標的達成情況，但當年馬政府並未能掌握此項工具的六項精義，導致兩頭空，計畫未能據實推動，目標也未能達成，這項工具非常適合快速成長與轉型的組織，英特爾與谷歌公司已證明其可行性，因此近年被迅速推廣。

　　馬英九政府在2012連任時，推出「黃金十年計畫」633政策目標時，基本上是仿效當時韓國大統領李明博的「747」政策，兩人基本上是有掌握OKR的目標識別（O）和關鍵結果（KR）精神，但兩人都未能盱衡全局來持續對齊，頻繁更新目標識別和關鍵結果。兩人過度高估經濟成長率，李明博是7%、馬英九是6%，當無法達成經濟成長率，當然國民所得每人4萬美元、3萬美元目標以及第七大經濟體、3%的失業率也無法達成，其實當中國大陸從兩位數經濟成長率下修

到8%，他們兩人若能及時察覺，就不會如此陳義過高，變成兩國人民酒後茶餘笑話。

當年馬英九政府的自信心另一個原因，是吳敦義內閣因莫拉克風災重建，政府投入大量公共建設資金，因此吳內閣才創造出6%以上的經濟成長率，讓馬政府過度自信其「黃金十年計畫」可以達成「633」政策目標，不料「黃金十年計畫」國民黨內部沒有形成共識，立院黨團不力挺，外頭有民進黨不斷杯葛，明顯違反企業目標與部門目標，團體目標與個人目標保持對齊原則，以致「黃金十年計畫」變成「黃土十年計畫」。

個人回顧2012總統大選，馬英九總統提出「黃金十年計畫」，蔡英文總統則提出「十年政綱」，是個人看中華民國民選四屆總統選舉最健康第一次，朝野都有施政藍圖，只不過當時國民黨加上一個「633」，就比民進黨亮眼而勝出；蔡英文總統執政已進入第四年，也換上第三位行政院長，但到目前為止，整個政府施政沒有提出一個完整施政藍圖，沒有一屆內閣提出類似「633」政策目標，整個政府運作好像無韁之馬，到處亂竄，導致民怨四起，2018年底的九合一縣市長大選被人民用選票大大的教訓一下，但仍依然故我，不願提施政願景藍圖與政策目標。

刻下韓國瑜國政顧問團已成軍，應該會有類似「黃金十年計畫」施政藍圖提出，做為要連任的蔡總統與民進黨不能再如此，過去三年多失智失能，不提施政藍圖來向國民訴求給予連任機會，這是非常不負責任的民主政治，恐怕會再次為民眾所唾棄，此刻個人當然希望朝野候選人都能運用OKR工具，向國人提出具體的政策目標，而不是打高空與作文比賽，讓人民能真正選賢與能，讓台灣經濟能轉型成長。

2019年10月11日 工商時報

7、老舊公共設施檢測維修，是責任也是商機

　　南方澳漁港跨海大橋日前突然崩塌，造成6位外國漁工命喪台灣，而這座橋梁才使用二十多年，並非是高齡危橋，在光天化日之下活生生地崩塌，從相關媒體的報導，如果設計與施工並無問題，會發生這種悲劇，多半是對設施過度使用，如車輛超載而未禁止，同時也疏於維修所導致，從目前愈來愈多訊息都指向是大橋維修單位根本未檢測，才無法及時發現大橋已有斷橋危機問題而釀成大禍。此一事件引發國人對橋梁使用安全疑慮，但個人認為應擴大到對所有老舊公共設施的檢視與維修，方能保障民眾的出行安全。

　　其實各國的公共設施都面臨老舊危機，有些先進國家如日本，會因碰到問題而主動積極解決，例如：2012年日本山梨縣境內的隧道發生頂板掉落事件，不少汽車被砸中，引發火災造成9人死亡，於是日本政府與企業、科研單位就積極合作，開展解決老舊公共設施維修，率先採取土木、IT組合技術，來找尋公共設施老化對策。利用無人機和感應設備來掌握公共設施未知的內部狀況，借助人工智慧技術全面分析，防患於未然，也加速耐久新材料的研發。

　　日本日經BP出版社出版的《驅動世界第100項技術》一書中「透視老舊基礎設施：與時俱進，內部損傷可視化」，整理日本透視老舊公共設施的技術為四大類：智能設施管理、雷射無人機、內部缺陷可視化技術、克服鐵器缺點的新材料，第一類技術主要是人工智能定位修補，以i-DREAMs為代表，目前廣泛使用在高速公路維修；第二類技術主要在偵測地形，即使是樹木遮擋也能一目了然；第三類技術主要在避免破壞損傷來檢視混凝土板材隱藏的老化問題，也運用人工智慧技術來檢測混凝土捶擊實驗對象有無異常程度，另外也發展出線性

調頻雷達來偵測地下3公尺以上地方有無空洞；第四類技術主要在研發出能降低成本的熱可塑性樹脂來克服鐵器生鏽老化。

　　從日本的老舊公共設施檢測維修科技發展，可以發現日本是會記取血的教訓國家，來糾正或改善問題，發展前述四類科技，其實是利人也利己，除解決自身公共設施老舊所引發的危機或意外事故責任外，也適逢全球許多國家或地區也正面臨公共設施老舊問題，促成這些科技在海外有龐大市場商機，對日本產品或勞務的輸出，都會有貢獻。

　　台灣目前公共設施也面臨老舊問題，如果不及時維修或補強，類似南方澳大橋崩塌事故，依然會發生，主管公共工程的公共工程委員會或相關工程興辦機關，更應主動積極引進向日本新科技，或協調科技部，商請國內大學相關營建科技系所，發展類似日本新科技來檢測與維修老舊公共設施，讓國內公共設施無論是橋梁、隧道、校舍或相關公共建築，在重建之前，能平安提供安全服務。

2019年10月21日 工商時報

8、韓國拚經濟，讓藍綠汗顏

　　距離2020年總統大選投票日1月11日剩不到八十天，但蔡總統整天在賣「芒果乾」，不提國政藍圖拚經濟，藍軍韓國瑜先生也只會講莫忘世上苦人多，也提不出具體藍圖來拚經濟救苦人，對照韓國舉國上下在拚經濟，台灣藍綠政黨豈不汗顏。

　　台灣經濟最大對手韓國的拚經濟政策可分別從兩項文件觀察，第一份文件是國政一百藍圖的五項目標；第二項目標，邁向進步優質生活品質之經濟，分為五大戰略二十六項政策，分述如下：

　　（一）為期所得主導成長，推動就業經濟，包括開創符合國民需求之就業機會、建構社會服務公共誘因，擴大就業機構等七項政策；

　　（二）充滿活力之公平經濟，包含確立公平之市場秩序、防範財閥家族壟斷財務，改善持有及分配結構、擴大監督公平交易，加強消費者損害救濟等五項政策；

　　（三）致力推動平民與中產階級之民生經濟，包括加強輔導個人經營之零星小型商店、加強國家基礎建設之交通網路，提升國土交通產業之競爭力等五項政策；

　　（四）有效推動主導科學技術發展之第四次產業革命，涵蓋建構軟體工業強國，鞏固主導第四次產業革命之基礎、發掘及輔導開創高附加價值之未來型新產業、輔導及發掘符合環境需求之未來型能源、提升主力產業之競爭力，復甦產業經濟活力等六項政策；

　　（五）致力中小創投企業主導創業與革新之成長，包含塑造支援革新之創業國家等三項政策。

　　從五大戰略二十六項政策內容，不難發現文在寅政府的拚經濟著重在創造就業機會，維持公平秩序的經商環境，穩定中產階級，重視

新科技與創造新產業以及塑造優良中小企業創業創新環境，不也都是台灣民眾與企業的渴望需求，儘管大環境不利韓國經濟成長，韓國仍務實推動二十六項政策中的一百二十九項實施方案，因此我們仍然可以看到韓國國民所得在2018年底突破3萬美金。

2019年韓國的經濟發展更加險峻，經濟成長率也讓國際財經機構下修，引發韓國民眾對文在寅政府的不滿，迫使文在寅總統出面道歉，同時提出第二項文件：韓國製造2030－韓國製造業復興計畫，希望透過這項計畫來補強國政一○○經濟發展政策的不足，同時希望能實現「三四四藍圖」。

「三四四藍圖」係文在寅政府希望在2030年讓韓國平均國民所得突破4萬美元，並成為第四大製造強國，這一藍圖端賴韓國製造2030－韓國製造業復興計畫能否落實推動，重點在實施四大戰略：以智能化、生態友好型和融合方式創新產業結構；以創新產業取代傳統產業；以挑戰為中心，重組產業生態系統；強化政府在支持投資和創新方面的作用，基本上是建立韓版的工業4.0，藉此來提升韓國產業，同時提振韓國人民士氣來拚經濟。

對照蔡政府進入任期第四個年度，始終沉迷在產業創新＋二政策，與多數製造強國的工業4.0戰略思維脫節，端不出新牛肉，讓台灣一直處於悶經濟，平均國民所得當然就沒有多大長進，在2萬5,000美元徘徊，個人盼望朝野2020大選，候選人好好學習台灣經貿最大競爭對手──韓國拚經濟精神，提出中華民國國政藍圖來拚經濟，讓台灣經濟能再次起飛，成為四小龍之首。

2019年11月04日 台灣公論報

9、台灣需要製造業4.0計畫

　　韓國總統文在寅為挽救韓國經濟，也與歐美日製造強國一樣，推出韓版工業4.0計畫「製造業復興藍圖及戰略」，將力促韓國製造業擺脫目前「數量及追擊型」產業模式，讓韓國成為創新領導製造強國，進而創造新產業，計畫是希望透過推動製造業復興戰略，將製造業附加價值率從目前25%提升到30%，達到先見國家水準；也將製造業產值中的新興產業與新產品比重從16%提升到30%；同時將世界一流企業數量至少增加兩倍，從目前573家增加到1,200家；進而躋身世界四大製造強國，整個計畫包含四大戰略，分述如下。

一、透過智能，環保和融合來加速工業創新

　　第一個戰略係透過智能，環保和融合來加速韓國產業結構創新的方法。重點包括推動智能工廠和智能工業園區，來推廣基於AI的工業智能成為智能化製造業，到2022年，將向中小企業分配30,000座智能工廠，2030年之前建立2,000家AI工廠。為了將生態友好性融入製造業，將支持環保汽車，船舶，航空工業和新能源行業的技術開發，基礎設施建設和需求創造，將具有許多環境汙染物的主要工業場所轉變為清潔製造業。為了使製造業，服務業和異構行業融合，提議讓企業使用監管沙箱和自由監管區。

二、將新興產業培育成新的旗艦產業，也讓目前主力產業透過創新，脫胎換骨

　　第二項戰略重點，韓國預計投入8.4兆韓元，支持三大核心新興產業（未來汽車、系統半導體、生物）；提升製造業軟實力，加強設

計、工程能力，透過「製造＋數位設計」來提高附加價值；大力培育材料、配件、設備產業，預計每年投入1兆韓元，支持100種核心材料、配件、設備技術開發。同時推動事業重組和企業結構革新，制定大力改造產業園區計畫，將其轉換為新產業創出與製造業創新的前沿基礎，讓韓國擴大世界一流企業數量與強化出口。

三、全面重組產業生態系統

　　第三項戰略重點，制定工業人才培養路線圖，以培養製造業所需的人才，並擴大了高挑戰性的研發，來挑戰「破壞性技術」；創建投資於製造業創新公司的「大型私人基金」來吸引私人投資，建立支撐創新製造企業的挑戰和成長的金融體系，來協助中小企業和骨幹企業能獲得穩定地超長期資金。

四、加強政府角色以支持投資和創新

　　第四項戰略重點在為企業創造了一個環境，並擴大了支持範圍，以便即使不出國，在韓國投資也能具有競爭力。增加對高科技，新興產業，危機和欠發達地區的地方投資的稅收支持。此外，也加強對新興產業的研發和設施投資，讓主力產業結構調整以及人力資源開發能有稅務支持。

　　韓國看到中國製造2025所引發中美貿易戰的衝擊，更體會到製造業對一個國家經濟發展之重要，前些時候，日韓貿易糾紛更引發韓國對關鍵材料或零件掌握在日本手上的痛苦，更激發韓國製造業復興決心，面對東亞地區各國製造業4.0計畫，蔡總統的5+2產業創新，並未讓台灣國民所得有效提升，也未讓國人更有就業機會，因此2020

總統大選，兩黨候選人更應提出台灣製造業4.0計畫，讓台灣經濟換檔重新出發，為台灣製造業找回春天。

2019年12月04日　工商時報

10、台灣需要新的農業政策

　　雲林花生之亂延宕一個多月，蔡政府無法平亂，只好祭出撒錢，連同前一陣子對農民的大紅包如農機具補助，整個農業政策成了撒錢4.0政策，再次證明蔡總統的打造新世代農業，成立農產品出口管理公司等五措施是無助來改善農民收入，2018年的九合一縣市長選舉，許多農業縣翻盤，縣市長由綠換藍，已證明五大措施的失敗，但蔡總統仍不知改正，因此花生之亂，自屬必然。

　　其實農業問題簡單說，就是三農問題：農民、農村、農業，針對農民、農村、農業的需求，提出對策才能標本解決三農問題。

　　日本的「六次農業」作法，基本上是在處理農產品生產過剩傷農與附加價值低等農業核心問題，馬政府時代台灣已引進，近幾年台灣出現一些成果，如花蓮稻米輸日、高屏地區水果外銷，個人認為倘若「六次農業」能扎實的推動在台灣各縣市、各產銷班與農民，類似雲林花生之亂，未來才不會發生，才是未來農業發展重點。

　　至於農村與農民問題，個人觀察日本新潟縣的最新六措施是解決農村與農民問題根本之道，六項措施為：

　　一、育兒（培養健康下一代農民）透過利用熟悉的農村資源，為兒童的平穩成長創造環境、透過父母與子女，世代和地區之間在飲食教育和農業經驗方面的交流，促進營造一種在整個社會中珍視兒童的環境。

　　二、教育（讓農業成為終身教育）充分利用農業的有利環境，促進新潟縣特有的農業相關學習、與當地社區合作，創造與農業有關的終身學習機會。

　　三、福利（讓農業引導民眾參與及提供新就業機會）透過農業為社

會參與和就業提供機會、支持健康促進，友誼和利用農業的生活目的。

　　四、醫療保健（飲食安全會促進健康）利用糧食和農業促進身體健康、利用糧食和農業促進心理健康。

　　五、能源與環境（重視新能源使用來保護環境）促進多樣化和豐富的農村資源的能源利用。

　　六、交流（農村體驗與綠色旅遊）傳播各種景點，包括糧食和農業、利用得天獨厚的鄉村環境提供糧食和農業經驗、透過糧食和農業促進建立相關領域，這六措施藉由生活環境與教育改善，讓都市人口回流與定居農村，進而培養新農民。

　　新潟市將這六措施與原有「6次產業」整合在一起，就稱為「12次產業」，個人認為「12次產業」基本上是呼應日本安倍內閣的日本地方創生構想，日本地方創生強調「人、地方、工作（就業機會）」，基本上是可解決農業的三農問題，「12次產業」是藉由農業「6次產業」的新就業機會讓都市人口回流與定居，強化回流與定居則要改善地方生活環境，這六措施剛好可滿足，台灣農業的三農「農民、農村、農業」問題始終無法有效解決，日本「12次產業」或許可以提供2020大選朝野政黨對農業政策的新思考方向。

2019年12月23日 工商時報

11、後新冠肺炎時代的台灣製造業發展策略

　　2019年底的新冠肺炎引發全球製造業生產危機，讓全球各國體會到非傳統安全疾病流行對製造業生產與供應所產生的種種問題，已暴露許多國家在面臨突發時，許多物質各國本身停產或生產不足，而無法滿足民眾需求，而引起不必要恐慌，讓問題處理更複雜化，因此在後新冠肺炎時代，台灣製造業發展策略可以根據此波疫情製造業生產與供應所產生的種種問題來進行調整，讓台灣的經濟走得更遠更穩。

　　2020總統大選前，蔡總統曾提出亞洲高階製造中心構想，個人是認同此戰略想法，但若步調整目前產業創新5＋2產業政策，亞洲高階製造中心構想是無從落實實施，個人認為台灣若沒有完整先進製造業，要如何成為亞洲高階製造中心呢？

　　所謂先進製造業是相對於傳統製造業而言，指製造業不斷吸收電子資訊、計算機、機械、材料以及現代管理技術等方面的高新技術成果，並將這些先進技術，綜合應用在製造業產品的研發設計、生產製造、線上檢測、行銷服務和管理的全過程，實現資訊化、自動化、智能化、柔性化、生態化生產，獲得很好的經濟社會與市場效果的製造業統稱，舉凡微電子、計算機、資訊、生物、新材料、航空航天、環保等高新技術產業廣泛應用先進製造工藝，或機械裝備工業、汽車工業、造船工業、化工、輕紡等傳統產業廣泛採用先進自造技術，都屬先進製造業。

　　從這項定義來看，就可明白為何美國要藉由發展先進製造業來恢復其製造強國戰略，而各國政府也因應美國戰略，紛紛提出對策來因應，其中以德國工業4.0戰略最引起世界矚目，不少國家也以德國為標竿來振興其製造業，尤其是先進製造業，台灣鄰近中日韓都定義類

似工業4.0戰略來發展其先進製造業。

　　韓國製造2030即韓國工業4.0：重點實施四大戰略：以智能化、生態友好型和融合方式創新產業結構；以創新產業取代傳統產業；以挑戰為中心重組產業生態系統；強化政府在支持投資和創新方面的作用，為落實韓國製造業復興計畫。

　　日本再興戰略2016年版，日本就正式提出迎向第四次產業革命戰略，將機器人與IT、IOT、BIG DATA、AI等新技術整合來帶動日本經濟發展，更於2017年提出SOCIETY 5.0的未來投資戰略，讓日本4.0戰略除在製造業領域外，更能影響到其他領域，如醫療、能源、基礎設施、金融、物流、農業，讓日本經濟內外都能維持榮景。

　　中國製造2025是中國大陸學習德國工業4.0的戰略，整體戰略圍繞「創新驅動、質量為先、綠色發展、結構優化、人才為本」等五項基本方針，這五個基本方針正好是中國大陸要從製造大國成為製造強國的核心問題，而創新驅動就是在發展先進製造業，最近五年來的推動執行應該有些成果與突破，否則不會成為中美貿易戰中的爭論焦點。

　　此次新冠肺炎，讓人發現傳統產業的口罩生產自足的必要性，其實口罩生產是可藉由3D打印技術來進行，3D打印技術就是先進製造技術，也是各國工業4.0的重點內容，它有低耗能、減廢與生產線可靈活調配優點，因此台灣的傳統產業是可藉由此次新冠肺炎危機來引進先進製造業進行產業轉型升級，而這一切端看蔡英文總統要不要提出台灣製造業4.0計畫來發展台灣的先進製造業，台灣沒有先進製造業，亞洲高階製造中心構想是無從落實實施。

2020年03月30日 台灣公論報

12、六大核心戰略產業規劃，畫錯重點

　　總統蔡英文在第一任期接受某報專訪，對其「五大產業創新加2」十分有信心，能讓台灣經濟脫胎換骨，四年過去了，台灣經濟有脫胎換骨嗎？相信國人眼睛看得見，日前蔡總統在其就職演說要發展台灣六大核心戰略產業，引領台灣經濟發展。

　　蔡總統六大核心戰略產業，包括：一，利用半導體和資通訊優勢，成為下世代資通訊基地。二，發展結合5G、數位轉型和國家安全的資安產業。三，接軌全球生物和醫療科技產業。四，發展軍民整合的國防和戰略產業，進軍航空和太空產業。五，加速綠電和再生能源產業，未來四年將成為亞太綠能中心。六，建構確保關鍵物資供應的民生和戰略物資產業，口罩等醫療物資過去因為全球化，散在全球各處，這次新冠肺炎疫情讓大家體認，因應未來全球秩序變化，確保國內關鍵民生戰略物資生產。

　　一項產業能被一個國家認定為戰略產業是有其要件，個人看各國戰略產業發展歸納的要件有三，第一是產業所需的技術、原料或零組件，不能處處受制他國，因此發展戰略產業是在謀求技術、原料或零組件的獨立性或創新性；第二是產業所生產的產品是這個國家未來創匯的主力；第三是產業是未來創造國家新就業機會的引擎。心明眼亮的國人，若依這三要件去衡量這六大核心戰略產業，其實只有第一與第二項產業有資格列入，而第一與第二項產業，基本上是歸為ICT產業，因此蔡總統說六項其實只有五項。

　　個人為何不看好後四項產業可成為台灣核心戰略產業，首先談國防產業，無論潛艦或戰機若不能外銷，當台灣內需完成後，就無以為繼，短期是會產生一些就業機會，長期而言對創匯與產生就業機會，

就無助益。

　　綠電中的風能是可滿足未來台灣綠能需求，但在國際大廠的競爭下，台灣未來技術很難有競爭力，當然不易創匯，就業機會也會隨風場的完成而消失，生物和醫療科技產業是有機會成為核心戰略產業，但從此次疫情，台灣連快篩劑這種技術都落後其他國家一大截，叫人如何有信心，最後一項民生戰略物資生產，基本上是政府要重視一些物資生產，不要讓它在台灣消失，避免有急用時，卻缺貨造成更大災情，但對創匯或產生就業機會的貢獻並不大。

　　蔡總統關心產業發展當然要給予肯定，目前新內閣中的國發會龔主委是產業規劃老手，應該可以看到六大核心戰略產業是畫錯重點，在正式推案前是有機會補正。對照對岸的戰略產業從十二五的七大產業；節能環保、新一代信息技術產業、生物產業、高端裝備產業、新能源產業、新材料產業、新能源汽車產業到十三五的九大戰略產業規劃，增加數字創意產業與高技術服務業兩大項，可看到中國大陸戰略產業符合個人觀察的三要件，同時朝向軟硬兼吃，為了未來台灣明天的發展，蔡政府不妨虛心參考借鏡。

2020年06月08日　工商時報

13、前瞻2.0的數位建設仍不足

　　國發會日前說明前瞻基礎建設計畫2.0（2021年至2025年）預算分配，原本「軌道建設」預算占比大降，「數位建設」大增，讓未來五年數位建設預算大幅擴增至950億元，占整體比重升至18%。

　　國發會表示，數位建設預算將投入5G網路建設及應用開發，AI、新世代半導體、以及資訊安全、縮短偏鄉數位落差等領域，這項調整，修正第一期的前瞻基礎建設計畫被國人詬病的軌道建設內容。

　　政府積極推動「前瞻基礎建設計畫」，包含建構安全便捷的「軌道建設」、因應氣候變遷的「水環境建設」、促進環境永續的「綠能建設」、營造智慧國土的「數位建設」、加強區域均衡的「城鄉建設」、「因應少子化友善育兒空間建設」及「食品安全建設」和「人才培育促進就業建設」等八項建設，期為台灣未來三十年發展奠定根基，對民眾而言是件好事，但個人從八項建設的規劃內容，可斷言無法滿足未來三十年所需，僅從增加數位建設內容，就可看到前瞻2.0的不足。

　　美國從2010年起，開始寬帶計畫、雲計算戰略、大數據研究與開發、數位政府、數位經濟議程、人工智能研究與發展、加強國家網路安全——促進數位經濟的安全與發展；歐盟2010年也開展歐州數位議程、數位單一市場戰略、產業數位化規劃；英國則從2009年開始數位英國、數位經濟法案、信息經濟戰略2013、2015-2018數位經濟戰略、數位策略2017；法國是2008年開始2012數位法國、數位法國2020、數位化路線圖；德國是2010年推出數位德國2015，緊接著是工業4.0、數位議程（2014-2017）、數位戰略2025；澳大利亞在2011年推出雲計算戰略、數位經濟戰略、2013年為公共服務大

數據戰略；日本除延續e-Japan、u-Japan、i-Japan，在2010年開始推出新資訊通信技術戰略、創建最尖端IT國家宣言、機器人新戰略與Society5.0來因應數位經濟時代，從這些先進國家的數位建設內容，就可驗證我們前瞻2.0數位建設在內容與經費是無法與先進國家相比。

　　從先進國家的數位建設內容，數位建設應包括5G、數據中心、雲計算、工業互聯網、物聯網、人工智慧、區塊鏈，網路安全、傳統基礎設施數位化改造，這些規劃內容中國大陸在2020年3月公布的新基建發展白皮書已開始落實大規模實施，個人觀察中國大陸是企圖藉由新基建的提出，除振興後新冠肺炎時代經濟發展外，更重要的是想藉此驅動創新經濟與綠色經濟，因此預算投入除政府預算外，更積極運用公司合夥關係（PPP）機制，來促使民間資金投入，其前瞻願景對中國大陸民眾與企業當然有期望性，因此期盼國發會主事人，不要如此輕易疏忽對岸的進步，若我們規劃真有不足，學習對岸又有何妨。

　　最後要指出數據中心、雲計算、物聯網、人工智慧、區塊鏈，網路安全及5G也是當前金融科技的核心技術，台北市在2017年被列入全球金融科技中心前五十五名內，但2020年被排除在百名以外，原因無他，是台北許多數位建設已不足，因此強化數位建設已刻不容緩，「數位建設」預算大增方向是正確的，但仍不足，也未啟動PPP機制，盼望蘇內閣能補強，不要讓台灣錯失數位經濟商機。

2020年10月05日 台灣公論報

14、參考中日韓經驗，發展先進製造業，讓台灣成
亞洲高階製造中心

　　蔡總統國慶日談話要用新經濟戰略發展台灣經濟，但重點依然是產業創新5＋2以及六大核心戰略產業，令人看不到台灣經濟新局，未來台灣如果沒有高價值製造產品，經濟前景是堪憂。

　　蔡總統就職時提出政府會引導企業投資台灣，建立產業聚落，吸引高端產業持續移回台灣、深化軟硬體整合，走向智慧化，強化5G與AI應用、打造綠色供應鏈等三方向讓台灣邁向亞洲高階製造中心，個人認為方向是正確，但想要用產業創新5＋2以及六大核心戰略產業，來達成亞洲高階製造中心，其深度與廣度遠遠不夠。

　　高階製造其實應稱為先進製造，先進製造業是相對於傳統製造業而言，指製造業不斷吸收電子資訊、計算機、機械、材料以及現代管理技術等方面的高新技術成果，並將這些先進技術綜合應用在製造業產品的研發設計、生產製造、線上檢測、行銷服務和管理的全過程，實現資訊化、自動化、智能化、柔性化、生態化生產，獲得很好經濟社會與市場效果的製造業統稱，舉凡微電子、計算機、資訊、生物、新材料、航空航天、環保等高新技術產業廣泛應用先進製造工藝，或機械裝備工業、汽車工業、造船工業、化工、輕紡等傳統產業廣泛採用先進自造技術，都屬先進製造業。

　　2008年金融風暴後，美國歐巴馬政府就積極要恢復其製造強國戰略——美國「先進製造夥伴」（AMP）計畫，來發展其先進製造業，各國政府也因應美國戰略，紛紛提出對策來因應，其中以德國工業4.0戰略最引起世界矚目，不少國家也以德國為標竿來振興其製造

業，尤其是先進製造業，台灣鄰近的中日韓，都規劃類似工業4.0戰略來發展其先進製造業。

日本再興戰略2016年版，日本就正式提出迎向第四次產業革命戰略，將機器人與IT、IOT、BIG DATA、AI等新技術整合來帶動日本經濟發展，更於2017年提出Society 5.0的未來投資戰略，讓日本4.0戰略除在製造業領域外，更能影響到其他領域，如醫療、能源、基礎設施、金融、物流、農業，讓日本經濟內外都能維持榮景。

韓國製造2030即韓國工業4.0，重點實施四大戰略：以智能化、生態友好型和融合方式創新產業結構；以創新產業取代傳統產業；以挑戰爲中心重組產業生態系統；強化政府在支持投資和創新方面的作用，爲落實韓國製造業復興計畫。

中國製造2025是中國大陸學習德國工業4.0的戰略，整體戰略圍繞「創新驅動、質量爲先、綠色發展、結構優化、人才爲本」等五項基本方針，這五個方針正好是中國大陸要從製造大國成爲製造強國的核心問題，而創新驅動就是在發展先進製造業，近五年來的推動執行應該有些成果與突破，否則不會成爲中美貿易戰的爭論焦點。

從東亞地區三個製造強國或大國的先進製造業發展現況，蔡政府若不好好盤點學習中日韓的工業4.0計畫重點內容，來發展台灣利基（niche）的先進或高階製造業，個人對台灣要成爲亞洲高階製造中心是持悲觀態度，因此蔡總統更應在全球疫情經濟復甦中，盡速參考中日韓經驗來發展台灣先進製造業，台灣才有機會成爲亞洲高階製造中心。

2020年10月15日 蘋果日報

15、物流產業可以成為台灣未來主力產業

　　蔡總統主政以來，一直強調「五大產業創新計畫＋2」是台灣未來主力產業，但就個人觀察各國城市物流產業發展，發現物流產業對帶動地方就業機會是有非常大的助益，蔡政府不妨也可將物流產業列為未來努力方向。物流產業是一個新興複合產業，透過利用先進資訊（ICT）技術與物流設備，整合傳統運輸、儲存、裝卸、搬運、包裝、流通加工、配送、信息處理等環境，實現物流運作一體化、信息化和高效率，被公認為繼降低物質消耗、提高市場占有率之外的第三利潤源泉，其發展狀況成為衡量一個國家和城市競爭力的重要項目，全球商仲CBRE世邦魏理仕發布〈全球暨新興物流樞紐〉研究報告，就是一個明顯實例。

　　基本上，物流業是融合運輸業、倉儲業、貨運代理業和資訊業等復合型服務產業，是國家經濟或城市經濟的重要組成分，包括領域廣，吸納就業人口多，對促進生產、拉動消費作用大，在促進產業結構調整與轉型有極大重要作用，是許多城市經濟轉型升級不可或缺的新產業。中國大陸城市對物流產業的重視始於十五期間，十一五期間沿海城市開始引進規劃並推動，並在十二五期間茁壯，目前至少可觀察到七十個城市的物流產業發展規劃。CBRE世邦魏理仕發布〈全球暨新興物流樞紐〉研究報告指出，新興區域物流中心崛起，亞洲以中國北京、杭州、南京、蘇州及南韓釜山為主，這些城市的基礎設施發展、物流設施投資、經商環境與市場皆具有一定規模，由於其周遭區域經濟的成長，因此未來很有可能躍升為全球主要物流中心。

　　在前述提及七十個城市物流產業發展規劃中，多數大港口城市如天津、青島、上海、寧波、福州、廈門、深圳、廣州都提出完整規

劃，從這些規劃，個人觀察中國大陸的物流規劃的重點為：物流業相關產業的培育、扶持與引進；物流業基礎設施的強化；與資訊業及新一代ICT技術積極融合、強化金融業的融合、積極建設物流園區與基地並與保稅區、自貿區結合，發展各種專業領域物流、規劃物流業作業標準，而這些港口城市未來配合中國大陸一帶一路、自貿區、中國製造2025等戰略，基本上是有可能躍升為全球主要物流中心。

　　台灣的六都中，高雄目前將國際物流列為新興產業，但很可惜，高雄市並未如中國大陸的港口城市那麼積極提出更詳細的規劃，因此高雄的國際物流業發展呈現只聞樓梯響，未見人下樓，至今仍無法創造出大量就業機會，因此2020年高雄港目前雖在全球海港中排名第十五名，〈全球暨新興物流樞紐〉研究報告並沒有將高雄列入新興物流城市，相當值得高雄市政府深思與檢討。高雄市政府其實應好好借鏡中國大陸的沿海城市的物流發展規劃，將高雄市規劃為全球新興物流樞紐，除此之外，若從馬政府時代規劃的自由經濟示範區來看，新北、桃園、基隆、台中、台南、宜蘭、屏東也都應發展其物流產業，因此更希望這些縣市首長與蔡政府能虛心參考對岸城市政府的作法與措施，好好發展台灣物流產業，不要讓經濟發展機會從旁溜過而懊悔。

2021年03月08日 台灣公論報

16、因應氣候變遷，政府應積極發展水產業

　　台灣水源靠天吃飯，端賴梅雨季節與颱風所帶來的雨水，但2020年一整年沒有一個颱風入台，造成今日西部平原地區，缺水困境，在2020年底，政府其實已啓動可能缺水的第一種應變方法，稻田休耕，讓農田用水來支援工業與民生用水，但水情若是繼續惡化，不但會影響產業生產，也會造成民眾生活作息極大不便，個人認為目前困境是政府長期對水資源的利用缺乏積極發展成水產業。

　　台灣中央山脈偏東，因此河川東短西長，河身短、坡度大、水流急，雨水若無水庫做儲存則不易保留，因此台灣多數河川能興建水庫的地方，大都蓋上水庫來儲存雨水，用來提供台灣民眾必要之水源，但因台灣近數十年來對山坡地的濫伐濫墾，造成水庫淤積嚴重，不但降低水庫蓄水能力，更危及水庫使用壽命，除此之外，台灣水庫清淤速度趕不上淤積，因此台灣水庫蓄水能力一直在惡化，無法有效保留上天給台灣民眾珍貴水源，讓許多雨水直接流入大海。

　　開源節流是解決水源缺乏的基本思維，鑿井抽水台灣行之有年，西部平原的雲嘉與屏東更因超抽地下水而形成地層下陷，形成另一類公共安全危機，不是理想水源開發方式。其實海洋覆蓋地球表面的71%，儲水量約13.7億立方公里，占地球總水量的95%，占地表水總量的97.5%，是地球上最大的水庫，因此開發海水淡化技術，向海洋索取淡水來解決「水的危機」，是全球各國，尤其是水資源缺乏國家，如以色列、日本努力的方向，因此發展海水淡化是台灣開發水源必要方式。

　　除此之外，台灣汙水接管率與汙水場處理能力，也日益提升，但處理過的再生水因利用仍不普及，多數都流入大海，形成另一種水源

浪費，倘若將再生水的處理標準再提升，其數量相當龐大，充當工業用水或灌溉用水，或許也可舒緩台灣用水壓力，也是台灣另一種水源開發方式，以色列、日本對再生水同樣也高度重視。

　　海水淡化與再生水處理都屬水產業，近年來海水淡化技術的不斷創新與發展，包括淡化水廠、淡化設備製造、濃鹽水綜合利用、高性能機械設備研發與製造、高分子材料、腐蝕與防護材料等在內的海水淡化產業正在成為極具發展潛力的新興產業錯過。再生水處理技術大致上可分為前處理、初級處理、二級處理及高級處理等處理方式，所需之處理設施大致有攔汙設備、沉砂設備、除油設備、沉澱設備、過濾設備、生物處理相關設備、汙泥脫水設備、加藥設備、高級處理相關設備等台灣其實都有一些基礎，只是台灣水價異常偏低，而未重視積極發展做大做強，因此類似像今年氣候變遷帶來的水荒，未來可能是常態，政府應好好發展水產業。

2021年03月29日 台灣公論報

七、萊豬食安

1、【美豬牛進口】用產品標示建立台灣豬品牌

日前府院宣布開放讓含萊克多巴胺（瘦肉精）豬肉進口，國人大都深信政府是無法擋住美國政府強大壓力，遲早會開放，但沒想到此次開放居然是買一送一，附帶加送放寬30月齡以上美國牛肉進口，這兩項食材的開放措施，國人當然知道政府想要加速進行台美TIFA談判，但政府若無綜觀中美對抗全局以及對開放後對豬農生計威脅與國人健康風險配套措施，恐怕此次開放會成為美國川普總統競選的宣傳品，幫川普在美國農業州競選。

從國內外媒體報導，中美對抗好像愈演愈烈，但中美兩大強權始終鬥而不破，美方的強勢是伴隨川普總統的選情不利腳步而來，前些日美國衛生部部長來台訪問，名為考察台灣防疫措施，實為施壓美豬牛開放，台灣此舉當然對川普總統的選情不利是有加分效果。

但國人要清楚中國大陸是美國貿易第一大夥伴國，兩大強權至今還無完整自由貿易協定（FTA），因此美方在與中國大陸貿易紛爭談判未告一段落，是不會與台灣TIFA有任何實質進度，不會干冒得罪中國大陸，讓經貿關係惡化，藉由美豬牛開放來挽救川普總統選舉聲勢，川普即使連任，TIFA還有一段路要走，美方不只要美豬牛開放，倘若民主黨勝選，台灣這個禮就白送了。

美牛早已開放進口，要求萊克多巴胺的含量不能超出10ppb，由於牛肉不是國人主要肉食，因此馬政府當年也是迫於美方壓力而同意開放進口，但堅持豬肉不能含有萊克多巴胺，從目前食藥署對市售美牛的管理方式，個人認為無法確保國人健康，國人可能因美豬大量進口而無法辨識以致誤食。

個人目前逛超市看到美牛只有標示美國進口，並未標明有無含萊

克多巴胺，也未標示警語不宜多吃，同時警告消費者安全攝取量上限為60微克，由於少量的進口牛肉，食藥署都無法把關讓消費者辨識，倘若美豬大量進口也會如同美牛一樣，由於價格會比國產豬肉便宜，更會讓消費者無法辨識是否含萊克多巴胺，如此國人的健康風險就大增。

　　美牛美豬進口議題也炒作多年，但政府始終沒有提出有效方案來確保農民權益與解決國人健康疑慮，眼前蔡政府已大開門戶，為了避免開放進口賠掉農民權益與國人健康，個人認為建立台灣牛、豬肉不含萊克多巴胺（瘦肉精）品牌形象，是確保農民權益與解決國人健康疑慮最有效方式，就看農委會與食藥署有無決心要求貿易商、通路商與農戶將產品標示完全透明呈現，台灣肉品不含萊克多巴胺，品牌就能建立，國人在選擇肉品就有所依循選擇，要抵制或接受風險，就由消費者決定。

2020年09月01 蘋果論壇

2、【因應美豬衝擊】
　　將養豬業做為台灣循環經濟農業的起點

　　美豬在蔡政府棄守下，未來將全面大量入關，對台灣養豬業者絕對是大衝擊，若沒有長遠規劃，許多小豬農生計將被斷送，為了有高品質安全豬肉、防患口蹄疫再發生及不汙染環境，發展循環經濟與科學化養豬是台灣豬農必要之路，丹麥是全球養豬大國，丹麥養豬場將惡臭、汙水、排泄物歸於零，台灣豬農如果做得到，台灣民眾不會再厭惡養豬產業，養豬場可與社區共生共榮。

　　循環經濟的運用多數在工業領域，農業領域在先進國家如美、日也相當多，畜牧業的養牛、養豬更是不勝枚舉，蔡政府在上一任任期推動「五大產業創新＋2」的循環經濟時，似乎忘記農業這個區塊，因此蔡政府不妨將台灣養豬業做為台灣循環經濟農業的起點。

　　從媒體報導中國大陸網易CEO丁磊跨界養豬，其「網易豬肉」一頭高達50萬台幣，而這些豬肉是來自浙江安吉縣養豬場，農場據悉是由6位員工管理，是智慧養豬場，網易農業事業部表示豬隻飼養非常科技，不打針吃藥，睡閣樓公寓，四季恆溫調控，並用傳感器遠端監控豬隻進食與排泄物，充分掌握豬隻健康狀況，丁磊甚至發出豪語「飼養過程非常環保，豬的糞便經過處理後，這水我可以喝下去」，這種科技方式養豬，基本上就是循環經濟的表現。

　　從這則新聞報導，其實不難發現丁磊跨界養豬的智慧養豬場，是循環經濟融合太陽能與新ICT技術，因此技術絕對沒有問題，中國大陸做得到，台灣更可以做得到。

　　國營事業台糖公司是台灣目前養豬大戶，目前已將屏東的東海豐

畜殖場改建為「東海豐農業循環園區」，示範將其養豬場改建成結合太陽能與新ICT技術的循環經濟示範智慧養豬場，可來協助台灣養豬業升級與永續經營，飼養高品質安全豬隻，來確保國人食品安全，同時以縣市為單元，積極整合小豬農成大型養豬合作社來集中興建大型智慧養豬場，小豬農以豬隻頭數入股，不影響其權益。

此刻100億養豬基金將可補助投資循環經濟相關設備與設施，協助新型小豬農合作社，將養豬產業升級與防患口蹄疫再起，屆時台灣的養豬業將會成為台灣品牌農業。

除此之外，建議將這個循環經濟示範智慧養豬場的周圍地區的農地結合成為供應養豬場飼料如甘藷，除可減少廢耕地外，這種方式就是目前丹麥養豬循環經濟，個人覺得台灣有機會培養出獨特口感的豬肉，並可將養豬場處理過的汙水、糞便與再生能源，運用在這些協作農村社區的種植與居民生活，才是落實循環經濟並擴充其規模效果。因此循環經濟農業的提出，對台灣農村是絕對有益，盼望農委會、台糖公司能劍及履及地推動執行，來活化台灣內需經濟，也為台灣新農業開創一個新起點。

2020年09月07日 蘋果論壇

3、政府若無能控管萊豬，就請撤回開放美豬進口

　　蔡英文總統前些日用行政命令要在2021年元月，開放讓含萊克多巴胺（瘦肉精）美國豬肉進口，引發國人不滿，在野政黨一直呼籲政府要緊急煞車，但蔡政府與蘇內閣似乎無動於衷，鐵了心就是要開放，讓昨日「秋鬥」成為反萊豬進口平台，希望蔡政府能看到人民巨大憤怒力量而懸崖勒馬，撤回開放命令，更希望美國在台官員能看到台灣人民的憤怒，不要再強行銷售含萊克多巴胺豬肉。

　　其實台灣人的豬肉需求量相當大，需要進口來補充不足，因此台灣人是不反對美國豬肉進口，沒有歧視美國豬肉，台灣人只是希望美國豬肉如同加拿大、日本、西班牙、丹麥、匈牙利等國豬肉進口台灣，都沒有含萊克多巴胺。

　　目前食藥署對市售美牛的管理方式，僅僅是標示產地，讓消費者辨識牛肉進口國，讓消費者要吃牛肉，可免吃美國牛肉，減少或避免染上狂牛症風險，因此美牛到目前為止，都沒有標示是否含萊克多巴胺，這種管理方式其實已讓國人有吃到含萊克多巴胺牛肉風險，因此個人深信不少含萊克多巴胺牛肉已吃到國人肚子裡，難怪行政院前發言人丁怡銘會因萊豬問題問責台北牛肉麵節冠軍店家也用含萊克多巴胺美國牛肉，不料店家打臉，出示萊克多巴胺零檢出證明文件，也證明目前政府對美國牛肉管理的不足，無法讓消費者辨識美牛有無含萊克多巴胺。

　　目前逛超市看到美牛真的只有標示美國進口，並未標明有無含萊克多巴胺，也未標示警語不宜多吃，同時警告消費者安全攝取量上限為60微克。從目前少量的美國進口牛肉，食藥署都無法做到標示有無含萊克多巴胺讓消費者辨識，面對大量進口美豬，政府恐怕更難做到

標示有無含萊克多巴胺，民眾可能會因美豬大量進口而無法辨識以致誤食萊豬，對其健康產生風險，因此政府若無法絕對把關讓萊豬無所遁形，讓消費者清楚辨識前，請蔡總統積點德，撤回開放。

其實美方畜牧商為迎合中國大陸需求，許多美豬飼養也不用含有萊克多巴胺飼料，這就是美國的萊豬比重已下降為22%的主因，個人深信未來美方畜牧商為讓其豬肉行銷全球，勢必飼養不用含有萊克多巴胺飼料，蔡政府若一味討好美國，這22%的美國萊豬就會繼續飼養下去，並以台灣為出口國。

我們目前的管理方式是無法讓國人辨識豬肉是否含萊克多巴胺，真的奉勸蔡政府要聽見人民憤怒之聲，懸崖勒馬，趁勢收回開放命令。

2020年11月23日　蘋果日報

4、蔡總統應趁勢收回開放萊豬

　　從目前美國大選開票狀況，拜登先生當選毫無疑問，川普總統則確定無法連任，蔡總統原先押寶的開放萊豬進口承諾，若不及時踩剎車，恐怕眞的將國人健康白白犧牲，而得不到任何實質經貿好處。其實川普政府近四年，其主管貿易事務的美國貿易代表署（USTR）都沒有與台灣有任何TIFA實質接觸，顯示美方未把台美TIFA視爲其優先事務，因此蔡總統此舉恐怕是表錯情，浪費了台灣經貿談判籌碼，也讓民眾愈來愈不信任蔡總統與民進黨。

　　萊克多巴胺是一項失敗的藥物開放，才改爲飼料用藥，由於萊豬屠宰後，賣相頗佳，深受畜牧商歡迎，但從相關醫藥報導用萊克多巴胺飼養的豬隻具攻擊性，飼養的牛隻死亡率比一般非用藥飼養高，動物因爲餵養，可能會出現焦躁不安、顫抖、食慾不好、心律不整。除此之外，以果蠅餵食萊克多巴胺的試驗，證明果蠅的生命會變短，容易結石與攀爬力變弱，這些資料證明對動物有害，可類推對人類也有害，前榮總精神科醫師蘇偉碩先生在各種公聽會都一再呼籲，其說明內容在許多影像資料都可以看到，相信政府相關部門也看得到，從蘇醫師的說明，個人認爲萊克多巴胺跟尼古丁一樣，對人體百害無一利。

　　美國爲強銷其萊豬，透過食品法典委員會制定出豬肉萊克多巴胺殘留安全容許量，但此一標準，多數國家認爲對人體有安全疑慮，都不買單，要求美豬輸入零驗出，前一陣子中國大陸豬隻染上非洲豬瘟，爲迎合中國大陸人民飲食需求，也開放美豬進口，中國大陸進口商是依中國大陸法規禁止萊豬，美方畜牧商配合中國大陸需求，許多美豬飼養也不用含有萊克多巴胺飼料，這就是美國的萊豬比重已下降爲22%的主因，個人深信未來美方畜牧商爲讓其豬肉行銷全球，勢必

飼養不用含有萊克多巴胺飼料，台灣若一味討好美國，這22%的美國萊豬將繼續飼養下去，並以台灣為唯一出口國，真的會荼毒台灣人民與貽害後代子孫。

消基會目前已結合國內相關團體發起「拒絕萊克多巴胺美豬」，個人認為蘇內閣要用行政手段排除萊豬販售阻力，更會讓民眾這股怒火愈演愈烈，古云「星星之火可以燎原」，蔡政府與蘇內閣應好好趁著美國大選，民主黨勝選，及時踩剎車收回開放承諾，並主動出擊與其美國貿易代表署（USTR）溝通，讓USTR明瞭台灣為自由貿易所付出的努力，同時也請美國政府重視台灣民眾食品安全的基本人權，犧牲人民健康地開放，只會讓民眾會永遠記得民進黨的喪權禍民，更會用選票讓民進黨無法執政。

2020年11月23日 台灣公論報

5、人民怒吼，政府竟無動於衷

　　蔡總統8月底用行政命令要在明年元月開放讓含萊克多巴胺（瘦肉精）豬肉進口，引發國人不滿，在野政黨也一直呼籲政府要緊急煞車，但蔡政府無動於衷，鐵了心就是要開放，讓22日「秋鬥」成為反萊豬進口的平台。希望蔡政府能看到人民巨大憤怒力量而懸崖勒馬，撤回開放命令，更希望美國在台官員能看到台灣人民的憤怒，不要再強行銷售萊豬。

　　其實台灣人的豬肉需求量相當大，台灣人不反對美國豬肉進口，沒有歧視美國豬肉，台灣人只是希望美國豬肉進口台灣，都沒有含萊克多巴胺。

　　個人逛超市看到美牛只有標示美國進口，並未標明有無含萊克多巴胺，也未標示警語不宜多吃，同時警告消費者安全攝取量上限。從目前少量的美國進口牛肉，食藥署都無法做到標示有無含萊克多巴胺讓消費者辨識，面對大量進口萊豬，政府恐怕更難做到標示有無含萊克多巴胺。民眾可能會因美豬大量進口而無法辨識，以致誤食萊豬，對其健康產生風險，因此在政府無法絕對把關讓萊豬無所遁形，可讓消費者清楚辨識前，請蔡總統積點德，撤回開放的行政命令。

　　其實目前美方畜牧商為迎合中國大陸需求，許多美豬飼養也不用含有萊克多巴胺飼料，這就是美國的萊豬比重已下降為22%的主因，個人深信未來美方畜牧商為讓其豬肉行銷全球，勢必飼養不含萊克多巴胺飼料，蔡政府若一味討好美國，這22%的美國萊豬就會繼續飼養，並以台灣為主要出口國。我們目前的管理方式無法讓國人辨識豬肉是否含萊克多巴胺，真的奉勸蔡政府要聽見人民憤怒之聲，懸崖勒

馬，趁勢收回開放命令，不要荼毒台灣人民與貽害後代子孫。

2020年11月25日 聯合報

6、萊豬經濟利益不能危害國民健康

　　儘管1122秋鬥台灣人民發出怒吼「拒絕萊豬」，但蔡總統卻回應強調「台灣是一個自由的市場，美豬美牛的開放是讓市場多一個選擇，並不是要求國人一定要食用。」而蘇院長則配合宣布「萊豬進口五原則」：

　　一、查廠部分，針對未曾進口來台的肉品廠，須經我派員赴美查廠後，方可進口。

　　二、新增肉品貨號，進口豬肉肉品貨號管理比照牛肉，現行豬肉貨號是二十二項，將來將達到六十七項。

　　三、逐批查驗，明年起，既有業者進口的豬肉也將逐批查驗，確保符合國際標準。

　　四、標示跟著肉品走，未來進口商、肉品廠，販售通路一路到店頭攤商，都要清楚標示，圓形貼紙是台灣豬，三角形貼紙是美國豬等國外進口豬，違者最高可罰新台幣2億元。

　　五、行政院核定3.2億元補助地方稽查、強化邊境查驗能力，完完全全地漠視人民聲音。

　　蔡總統與蘇院長對其新「萊豬進口五原則」似乎非常有信心，兩個人鐵了心，就是要台灣人吃「萊毒豬」，但個人認為這五項原則，仍未經過市場運作檢驗，能不能奏效仍在未定之數，因此蔡總統真的不需要趕在2021年元月就貿然開放，或許蘇內閣可以先用這五原則來管理現有進口萊牛，如果真的有效，就能讓民眾能分辨所有萊牛或萊牛所有產品，屆時要開放萊豬仍不晚，也比較有理說服民眾，倘若五原則連萊牛都管不好，建請蔡總統收回成命，否則台灣民眾真的像極了童話故事的白雪公主，要被邪惡的政府餵食毒蘋果，在野黨與眾

多公益社團活像七個小矮人一樣無力，無法阻止悲劇產生，更悲哀的是台灣人民是找不到白馬王子來解救。

台灣國民平均所得2萬3,500美元，中國大陸則不到1萬美元，中國大陸因非洲豬瘟之故，開放美豬進口，但中國大陸政府堅持萊劑零驗出，其進口商則遵循國家政策，要求美國畜牧商不能進口萊豬，美國畜牧商爲了中國大陸市場，只好調整飼養，因此美國萊豬比重已下降，只占市場22%，高所得的地區要吃毒豬，低所得地區則吃正常豬，是什麼道理，蔡政府或美國在台協會、美商會能不能給台灣人民一個清楚交代，畢竟台灣人民也需要「食安」基本人權，不要吃「萊毒豬」，希望美國在台協會、美商會，本著美國是「人權大國」，不要再逼台灣開放萊豬進口，成爲迫害台灣「食安」人權國家。

羅蘭夫人死前遺言「自由！自由！天下古今幾多之罪惡，假汝之名以行」，蔡總統刻下就是用「自由的市場」來掩飾危害台灣民眾的健康風險罪惡，在國際經貿市場的開放談判中，每個國家都會追求國家利益最大，而國家利益包括經濟利益與國民健康，當經濟利益會損及國民健康時，多數國家會選擇捍衛其國民健康，日前泰國政府拒絕萊豬便是一項明證，中華民國蔡政府難道比不上泰國政府嗎？

2020年12月14日 台灣公論報

7、【政府不必跟民眾過不去】美豬會因小失大

其實台灣人對豬肉需求量相當大，需要進口來補充不足，因此台灣人是不反對美國豬肉進口，沒有歧視美國豬肉，台灣人只是希望美國豬肉如同加拿大、日本、西班牙、丹麥、匈牙利等國豬肉進口台灣，都沒有含萊克多巴胺（瘦肉精）。

但蔡總統秉持美國意志，強行用行政命令要在2021年元月開放讓含萊克多巴胺豬肉進口，引發國人不滿，蔡政府在2020年平安夜當晚，以人數絕對優勢，強行表決通過9項行政命令開放萊豬進口，讓台灣食安警鈴在平安夜中大響。

前些日子，美國在台協會處長訪問台中市政府，台中市市長盧秀燕當場向酈英傑處長表達台中市民對萊豬開放的不安，個人認為既然是溝通說明，問題講開了，就沒有所謂禮貌不禮貌問題，很遺憾，美國在台協會仍是一貫回應萊豬是安全的，台灣人的擔憂是沒有科學依據，讓台灣人民感受美國政府就是要台灣人吃萊豬。

日本2004年開放萊豬進口後，除2004年進口稍減外，美豬的進口量一直增加，這也是美國政府要台灣開放的主因，但近年來加拿大豬肉標榜不含萊克多巴胺，同時比美豬便宜，逐漸在日本市場取代美國豬肉，若從這個趨勢持續，使用萊劑的美豬將會被日本消費者唾棄。

對照2008年馬政府時代，美國畜牧商飼養美豬飼料多數含有萊克多巴胺，但由於近年中國大陸開放美豬進口，美方畜牧商為迎合中國大陸需求不含萊克多巴胺，許多美豬飼養不用含萊克多巴胺飼料，讓美國的萊豬比重已下降為22%，其實台灣已進口相當數量不含萊克多巴胺的美國豬肉。

個人認為這22%的萊豬未來會因中國大陸市場需求與加拿大豬肉

競爭而向下調整，台灣與美國政府根本不必要在萊豬問題與台灣民眾過不去。

　　從日本市場近期的反映，加拿大豬肉勝出美國豬肉除價格便宜外，更重要的是不含萊劑，因此個人判斷不含萊克多巴胺的豬肉會成為未來市場主流，台灣政府無視民意，順應美國政府硬塞美國萊豬給台灣人民，台灣消費者因無法辨識美國豬肉是否有萊劑，將會避開選擇美國豬肉，便宜品改採無萊劑加拿大豬，高檔貨改用西班牙、匈牙利、日本等國無萊劑豬肉，屆時美豬將得不償失，78%的美國無萊劑豬肉將會受22%的萊豬而失去市場，美豬會因小失大，盼望美台政府能懸崖勒馬。

2021年01月02日 蘋果日報

八、新冠疫情回應

1、新冠肺炎等五情勢發展，不
利台灣經濟

2、【光藥局賣口罩不夠】納入
超商系統，健保卡改替代紙
卡註記

3、振興券貪功，一石多鳥皆落空

4、不要鎖國，就趕快補上快篩劑

1、新冠肺炎等五情勢發展，不利台灣經濟

2020年台灣經濟能否持平爲穩，觀察台灣最近面臨新冠肺炎等五情勢發展會對台灣兩岸經貿與全球經貿布局產生極大不利影響，進而影響台灣2020年經濟表現。

首先是新冠肺炎嚴重性不亞於2003年SARS危機，從過去SARS危機對經濟影響的研究是可以預見會重創全球經濟，台灣是地球村的一分子，自然無法倖免於外，當然經濟成長也會受影響。

其次是「國安五法」修法與「反滲透法」制定及蔡總統連任，這些法案與蔡總統連任以及蘇院長「口罩不出口大陸」談話，更會將台灣人民自絕於中國大陸交流之門外，把台灣人民關在自己的鳥籠中，「國安五法」以及「反滲透法」是在告訴台灣人民，兩岸是敵對關係，台商赴大陸投資設廠或經商，很容易會被羅織入罪，對已在大陸投資多年的台商，更深怕「反滲透法」，會讓他們像王立強共諜案的港商夫妻，無法自由出入台灣，影響其事業運作，而不回台，不但影響台商資金回流，更讓外資對台灣的「新綠色恐怖」沒信心，而降低對台灣投資，如此台灣2020年經濟怎麼會好。

第三是RCEP可能在2020年2月生效，RCEP是擁有世界上人口最多的大型FTA，經過五年多的談判，終於在2019年11月在曼谷開會決議，若印度仍不同意，十五國2020年2月要開始生效，缺印度的RCEP依然是人口最多的FTA，經濟規模占全球GDP 30%，占台灣貿易量59%，台灣近三年半因拒絕「九二共識」而無法加入，勢必會嚴重影響台灣對外貿易，而不利台灣經濟；日前中日韓三國成都元首峰會，已再確認2020年2月RCEP如期生效，讓RCEP成定局。

第四是CPTPP，到目前為止，蔡政府引以為傲的對日關係的日

本政府都沒有展現誠意邀請台灣加入，CPTPP經濟規模占全球GDP 13%，占台灣貿易量25%，也是一項大型FTA，其規模還有向上衍生空間，對依賴貿易發展的台灣經濟，也是相當重要，但日本的親中、友中，在中國大陸未加入前，斷無可能讓台灣加入，因此也會影響對CPTPP成員國的貿易產生不利發展，進而影響台灣經濟。

第五是日前中日韓三國成都元首峰會，三國同時簽署「未來十年三國合作願景」，具體內容包括守護自由貿易和促進區域經濟一體化；實現技術主導型合作及創新增長；深化環境領域合作及扶持醫療保健產業，也強調要加速達成三國自由貿易協議（FTA），個人觀察，中日韓FTA若成行，將會加速整合RCEP與CPTPP為亞太自貿區（FTAAP），如此將加重台灣產品或服務輸出成本壓力，台灣經濟2020年怎麼會好起來。

五件情勢發展，都與蔡政府兩岸政策有關，但蔡總統至今仍無具體令人信服的大陸政策，因此個人對2020年的台灣經濟是沒有那麼樂觀看待。

2020年03月09日 台灣公論報

2、【光藥局賣口罩不夠】
納入超商系統，健保卡改替代紙卡註記

　　新冠肺炎發生之初，口罩成為民眾必備之民生物質，引起民眾搜刮搶購，讓政府推出第一階段實名制購買政策，統一由四大超商販售，以身分證為憑，每人限購3個，但規劃不當，有人可以在不同超商購買多次，許多民眾依然買不到口罩，不安情緒籠罩整個社會，政府再次調整實名制度，改採用健保卡購買，購買地點改為健保藥局購買，由於健保藥局數量不比四大超商多，初期民眾大排長龍，還是有人買不到，但重複購買是被糾正了。

　　由於四大超商系統無法解讀健保卡資料，這個最有效率發放物資系統，讓它閒置其實對疫情防控是非常不智，四大超商數量與健保藥局合計接近兩萬家，政府若能統一指揮運用，會讓民眾口罩取得方便有效，更能迅速安撫民眾焦躁不安之心。

　　實名制基本上是一項對的政策，它可讓人人都能取得物質，如果不用健保卡改用替代紙卡註記52格，每週限用一格，就可讓四大超商與健保藥局一起販售口罩，如此將讓民眾更加方便，對目前發生病例無法找出感染源，引發民眾更加需要口罩的焦慮的安撫，將有助益。

　　替代紙卡的發放，若政府願意動用民政與戶政系統，以選舉公報的發放效率，應該一週內就可完成，屆時民眾憑卡也不必單號或雙號購買口罩，一週買一次，四大超商與健保藥局都能購買，由於案34醫院內部感染，該群聚事件已累積7名確診者，但至今感染源不明，讓民眾恐慌情緒增加，更加需要戴口罩來保護自身安全。

　　日昨媒體報導民眾又一大早在藥局前大排長龍，等著購買口罩，

凸顯民眾焦慮不安，也證明目前藥局購買口罩的沒效率與不便民，因此政府應該重新再調整實名制的口罩購買方式，將超商系統納入，不要讓民眾在藥局大排長龍買口罩，讓目前能增產的口罩能迅速交到民眾的手上，讓全民能健康安心生活來對抗病毒。

2020年03月11日 蘋果即時

3、振興券貪功，一石多鳥皆落空

　　發放振興券原本是好事，但政府過於貪功，想要一石多鳥，來凸顯自己明智。但從目前已登記要紙本券民眾超出八成六，不少綁信用卡的民眾後悔想改成紙本券，政府的如意算盤鐵定成空。

　　政府想要抓的第一隻鳥為行動支付，但台灣行動支付的環境剛剛起頭，許多零售業尤其是攤商與小販都尚未建置行動支付設備，有行動支付的商家也未必涵蓋所有行動支付業者，民眾使用不便。而行動支付在台灣未普及的主因，在缺乏一個有效平台能容納所有金融業者，政府不思如何整合各銀行行動支付，妄想用振興券來提高行動支付使用率，是抓錯藥用錯方，同時也因信用卡普及率比行動支付高，讓行動支付乏人問津。

　　政府想要抓的第二隻鳥為使用少量紙本券，政府推行動支付與綁信用卡的目的，想要加速創造台灣無現金環境。但綁信用卡要先花三千，政府再給兩千，比紙本券拿出一千給兩千，更不合理；同時信用卡在台灣也因多數攤商與小販沒有刷卡設備，對民眾任意消費並不方便，這就是民眾願意接受紙本券原因之一。

　　政府想要抓的第三隻鳥為花小錢創造比馬政府更大成效，來彰顯政府英明。但此次振興券政府小裡小氣只給民眾二千元，比馬政府的消費券三千六百元少，外加一些奇怪的配套措施，已讓許多民眾不滿；同時又在疫情穩定後再推出，想要創造出比馬政府消費券更大經濟效果，個人認為機會不高，多數民眾可能拿振興券來貼補家用，不會加碼消費而產生乘數效果。

　　紙本券已成振興券的主流，跟發放現金並無實質不同，因此早先民眾要求發放現金才是真正明智之舉，但政府聽不進真話。振興券

無論印製、發放、回收計價，都需要大量經費與人力，若是現金就只有發放問題，可減少許多人力與經費。此外，個人要提醒政府要注意振興券的防偽設計，倘若市面出現偽造券，會造成商家困擾與國庫損失，而發放現金就無此困擾。

　　發放振興券一事，個人感受政府宛如紅樓夢中主角之一王熙鳳，曹雪芹給判詞是「機關算盡太聰明，反送了卿卿性命」。政府目前所做所為，何嘗不是如此，不但會一事無成，還會賠上政府形象。

2020年07月14日　聯合報

4、不要鎖國，就趕快補上快篩劑

　　台灣在此次新冠肺炎，很幸運躲過重災，國人除在疫情初期，因無口罩與酒精而慌亂一陣子，基本上，國人的自律精神「戴口罩，勤洗手」是讓台灣平順渡過疫情，眼前各國因疫情穩定，紛紛開放邊境要重啓經濟，各國政府也制定相關配套措施，來防範境外病毒入侵，其中發展快篩劑已成爲各國判斷入境人士是否有感染病毒的依據，再決定是否放行或隔離，因此快篩劑的重要性，不言而喻。

　　疫情初期，台灣有能力進行「即時反轉錄聚合酶連鎖反應（real-time RT-PCR）」判讀國人或旅客是否染病的實驗室相當少，其容量也不大，一直無法大量篩檢入境旅客，只針對有發燒國人或旅客進行採檢，並隔離，對多數旅客要求自主管理或居家隔離十四天，除引起許多家庭不便與不安外，更造成當時國人社區感染疑慮，這也造成目前各國對我國疫情防控有疑慮之處的主因，倘若當時我們政府就能發展出快篩劑，就能讓所有入境旅客、漁船船員與敦睦艦隊官兵使用，就不會讓社會充滿不安與恐懼，環視東亞地區許多國家都已發展出快篩劑，如韓國、越南、中國大陸，除大量應用在其國家，都還可外銷到其他國家創造外匯，目前台灣眞的處於落後狀態，同時也喪失有更多病例來檢視並修正快篩劑的準確度。

　　猶記得疫情初期，包含中研院幾個研究機構，都發表台灣有能力開發新冠肺炎快篩劑，但到目前爲止，沒有一家機構的發明能順利生產與上市，平白錯過許多商機，就個人了解研究機構與篩劑生產廠商，對主管業務的衛福部的冗長審查作業與標準感到無奈，我們研發速度是比各國快，但各國能運用緊急事件特例，壓縮審查作業時間與標準，使得其快篩劑能充分運用在其國內疫情控制上，目前國際上的

快篩劑種類已相當多，其實台灣快篩劑將面臨更大競爭壓力，市場可能被搶光了，衛福部搞不好會對台灣的快篩劑的準確度有疑慮而採買國外快篩劑，因此快篩劑一事，陳時中指揮官是被陳部長打敗。

　　從目前全球疫情發展狀態，台灣若有疏忽，疫情還是會發生在台灣，因此發展本土的快篩劑是有其必要性，如同口罩一樣，若在第一時間，他國不提供，台灣就無快篩劑可用，台灣就只能再恢復鎖國狀態，這對台灣海島經濟發展十分不利，希望衛福部能儘速比照他國，趕快讓台灣國產快篩劑上市，配合強制入境旅客至少要用兩種篩劑檢驗，兩種篩劑都呈陰性，才同意入境，並要求入境期間全程配戴口罩；都呈陽性就禁止入境並要求集中隔離治療，一陰一陽則要求入住檢疫旅館再觀察檢驗，如此才能確保台灣邊境開放後安全，篩劑費與旅館費用由入境旅客負擔，據側面了解，篩劑價格在台幣200-300元間，兩劑加起來在400-600元間，不會造成旅客嚴重負擔，此刻台灣國產篩劑就能派上用場，一方面可讓快篩劑有精益求精機會，另一方面也負起國境守護之責。

2020年08月03日 台灣公論報

九、金融與房地產科技

1、不要錯失房地產科技商機

　　FinTech金融科技公司的攻城略地，使得許多銀行業務被蠶食鯨吞、甚至消失，逼迫銀行掀起併購整編，這項趨勢，似乎仍未停歇，「PropTech」房地產科技公司未來可能也會一如銀行業會影響整個房地產產業鏈，台灣房地產產業及教育應及早規劃因應，來迎接未來大變革。

　　什麼是PropTech？維基百科的定義為，資訊技術和平台經濟學在房地產市場上的應用。房地產科技與網際網路技術、房地產金融、金融科技相互重疊，房地產科技目標是透過借用數位科技，讓資訊處理更快、更有效。牛津大學教授Andrew Baum在其〈PropTech3.0：房地產未來〉報告中，點明PropTech經歷了三個時代，目前房地產科技正在朝向PropTech3.0時代。

　　PropTech1.0：運用資訊科技做數據分析、建築繪圖輔助工具；PropTech2.0，是一個破除房地產科技障礙和壁壘的時代，運用社交網絡、電子商務、開源代碼、傳感器使用、移動設備及多平台聯動，為PropTech2.0進化打開了新的天地如交易服務、智慧建築、共享經濟；現在PropTech3.0，更引進區塊鏈、人工智慧、機器人與大數據科技，正在重塑房地產行業，房地產行業也讓更多的前沿科技有了落地和應用場景。

　　個人從中國大陸與日本，觀察房地產科技的應用領域，整理房地產科技至少有AR/VR技術、區塊鏈、雲計算、大數據、人工智慧、物聯網、5G、建築信息模型（BIM）、這些技術應用房地產行業，Venture Scanner研究包含長租公寓、房屋保險、家政服務、物業管理、施工管理、資產管理、智慧家居、設施管理、民宿短租、聯合辦

公、房地產仲介代理、室內地圖，中國大陸的愛分析（ifenxi）2019中國房地產科技創新企業50強徵選，羅列21行業包括房地產交易、房地產信息平台、數位建築、房地產大數據、房地產雲服務、房地產VR、酒店民宿、產業地產、商辦地產、物業服務、長租公寓、公寓服務商、智慧樓宇、智能家居、智慧社區、裝配式裝修、家居零售、家裝、家裝SaaS、家裝共應鏈、公裝，應用場域比Venture Scanner更廣，顯示中國大陸是不會錯過房地產科技所帶來的商機。

　　仲量聯行（JLL）是世界知名的五大房地產諮詢機構，在台灣也深耕多年，近年來的顯著策略是成為一家在房地產領域工作的科技公司，其最近的代表報告為〈智慧城市成功之路：人、房地產科技和房地產的有機融合〉與英文報告〈Clicks and Mortar: The Growing Influence of PropTech〉，彰顯該公司對兩岸房地產科技產業未來布局方向。

　　台灣有心人不妨以此來入門房地產科技，對照外商的積極，台灣房地產業者與日本相似，從業人員年齡偏高與不易接受前述的新科技，因此比較不熱衷引進房地產科技，未來有可能會將房地產科技產業江山，拱手讓給外資公司，台灣業者只能喝湯，沒有大魚大肉，因此台灣有心人包括目前台灣不動產相關領域的在學學生，不妨借用中國大陸的房地產科技創新企業行業別，開創台灣房地產科技商機，面對此一挑戰，台灣不動產教育也應與時俱進地增列房地產科技相關課程，讓後進者能積極迎向挑戰與商機。

2019年12月13日 工商時報

2、發展房地產科技，關鍵在學習程式語言

　　近期，牛津大學房地產倡議組織 Said Business School 發布了全新的地產科技重磅報告〈PropTech 2020: the future of real estate〉。這是安德魯・鮑姆教授（Andrew Baum）繼2017版報告〈PropTech 3.0: the Future of Real Estate〉之後，對最近三年房地產科技領域全面系統的梳理。PropTech 3.0報告中強調房地產科技的演化，從PropTech 1.0到PropTech 3.0，同時也界定房地產科技的三大領域：智慧建物（smart building）、不動產金融、與共用經濟（shared economy）；PropTech 2020版報告重新界定房地產科技領域，分爲四區塊：建築科技（ConTech包含智慧建物）、不動產金融、共用經濟與法律科技（LegalTech），同時也對全球房地產科技的投資活動做初步探討，關心此議題人士，可在網路下載這兩本報告來閱讀。

　　房地產科技（PropTech）是當前房地產業進行的最大變革，將房地產數位化朝向數位化房地產系統轉變。數位化是我們將紙質「硬」拷貝轉換爲非智能數位「軟」拷貝的手段；數位化文檔中保存的數據無法透過計算機程式提取，需要人工解釋。

　　在現實中，可以將數位化視爲掃描頁面，上傳照片或創建pdf，以便獲得原始文檔的數位副本。「數位化」是將任何內容轉換爲數字可讀格式的行爲。數位化數據使計算機程式無需人工干預即可自動執行任務。實際上，這意味著線上完成表格，可使軟體程式能夠對機器可讀的「智慧」資訊進行操作。

　　事實上，許多房地產科技公司目前提供數位化平台，目的在簡化房地產行業流程。但是，目前房地產科技採用的技術都是「外源技術」，即那些並非專門爲房地產科技和房地產應用設計的技術，因此

房地產行業通常對採用並充分利用這些新技術的進展緩慢。這些技術包括網站和智慧手機應用程式、應用程式介面（API）、數據分析與可視化（大數據）、物聯網、人工智慧與機器學習、區塊鏈和分布式帳本技術（DLT）、傳感器、虛擬和增強現實、地理空間和5G技術、雲計算、運輸技術：無人駕駛飛機和自動駕駛汽車、其他技術如3D列印、量子計算等12類。

　　人工智慧、區塊鏈、大數據、物聯網與雲計算等5項技術是目前金融科技的重要技術，也涵蓋在安德魯・鮑姆的12項房地產科技中，人工智慧、區塊鏈、大數據、物聯網與雲計算等技術都牽涉的程式語言，個人針對這5項技術的程式語言做整理，將五種金融科技整理合計有32種程式語言，發現java、Python、C++、Javascript SQL、Golang、R、GO這八種程式語言涉及兩種以上金融科技，其中學會前三項java、Python、C++，就能涵蓋五種金融科技，因此建議非資訊科技學生，如不動產或地政學科學生，以java、Python、C++，為學習重點，學會這3項程式語言就有能力踏進房地產科技金融，當然其他7項房地產科技也有其程式語言，要入門就應好好學習程式語言，教育部已看到這種需求，鼓勵各大學開設相關程式語言課程，讓非資訊科技學生選修，個人由衷希望不動產或地政學科學生不要辜負政府的美意，選擇幾種程式語言課程，讓房地產科技能在台灣生根發展，不要為外資企業作嫁。

2020年06月01日 工商時報

3、從金融科技中心排名，看台北競爭力喪失

　　台灣在金融科技領域，近年沒有明顯進步，被其他國家超越。街口支付爭議與振興券電子支付比例偏低，都顯示台灣金融科技落後他國不是沒有原因。

　　全球金融科技中心評比是未來一項值得研究的議題，它可能會如同全球金融中心會受各國政府重視，目前出現的全球金融科技中心報告有三家，第一家爲德勤（Deloitte）公司，在2016與2017年發表報告；第二家爲中國大陸浙江大學互聯網金融研究院與英國劍橋大學新興金融研究中心在2018年合作發表報告；第三家爲Findexable公司在2020年發表報告。

　　三家機構的評估標準不一，很難進行有意義比較，第一家報告收錄44座城市，第二家爲55座城市，第三家爲238座城市，個人將第三家報告挑選其前55強，就可進行城市變動比較。

　　德勤公司2017年的44城市爲阿姆斯特丹、班加羅爾、布魯塞爾、都柏林、法蘭克福、香港等19座城市；2020年被提列新增城市新德里、邁阿密等20座城市。2020年55強城市中，美洲地區有23個城市，歐洲地區20個城市、亞太地區11個城市，中東1個城市，非洲城市沒有城市入榜；55強城市以美國15個城市居首位，德國4個城市居次，中國大陸、印度、加拿大都有3個入榜、英國、西班牙與澳大利亞則各有2個城市入列，法國等19國都只有1個進入55強，因此可以看到全球金融科技中心以歐美城市爲主，國家則以美國爲首。

　　台北市與根本哈根在2017年被列入全球金融科技中心，同時在2018年被剔除，但哥本哈根2020年又再重回全球55強金融科技中心，然而台北市在2020年跌出百名之外（104），表現不如奧

克蘭（94）、深圳（80）、吉隆坡（78）、曼谷（72）、雅加達
（59）、海得拉巴（68）、欽奈（74）、浦那（64）等亞太百名內
非55強城市。

　　上述後三個城市為印度前6名的金融科技中心，可看到台灣在金
融科技領域，近年沒有明顯進步，被其他國家超越，台灣只要有心，
可向哥本哈根與其他54強城市學習，讓台北重回百名城市，應該機會
相當高。

　　從Findexable報告書中可看到亞洲一些重要城市並未收錄在238
城市中，這些城市中日韓三國城市明顯被低估，值得研究全球金融科
技中心課題人士注意，倘若中日韓重要城市也被列入，台北市全球金
融科技中心排名恐怕又會大幅衰退，街口支付爭議與振興券電子支付
比例偏低，都顯示台灣金融科技落後他國不是沒有原因。

2020年08月06日　工商時報

4、台灣不該錯失區塊鏈經濟

　　2008年中本聰發表的論文〈比特幣：一種點對點的電子現金系統〉，區塊鏈橫空出世，提出希望可以創建一套新型的電子支付系統，這套系統「基於密碼學原理而不是基於信用，使得任何達成一致的雙方能夠直接進行支付，從而不需要協力廠商仲介參與」。

　　隔年2009年，中本聰就發展出比特幣，比特幣誕生是個標誌性事件，在區塊鏈技術的支援下，比特幣打破了傳統紙幣的「暗黑」盒子。

　　做為實體的紙幣的流通是看不見的，沒有人知道一張紙幣從哪裡來到哪裡去，而區塊鏈卻可以讓數位貨幣的每一筆動向都清清楚楚有「鏈」可查，同時還可以保護參與者的隱私，兩岸其實在區塊鏈都站在同一起跑點出發，時隔十二年，兩邊差距愈來愈大。

　　區塊鏈引發了世界性的關注，許多國家如美英法德日等先進強國認識到區塊鏈技術巨大的應用前景，開始從國家層面設計區塊鏈的發展道路，全球區塊鏈及相關行業更在2017年加速發展，全球開始進入「區塊鏈經濟時代」，中國大陸也不例外，習近平主席更用四個「要」為區塊鏈技術如何給社會發展帶來實質變化指明方向，要探索「區塊鏈+」在民生領域的運用，要推動區塊鏈底層技術服務和新型智慧城市建設相結合，要利用區塊鏈技術促進城市間在資訊、資金、人才、徵信等方面更大規模的互聯互通，要探索利用區塊鏈資料共用模式，實現政務資料跨部門、跨區域共同維護和利用。

　　台灣區塊鏈從技術理論、應用與產業化、知識傳播及政策推動與對岸相比是落後一大截，從政策推動而言，蔡總統與蘇院長都未關心過此議題並發表談話；就技術理論及應用與產業化來說，大陸各類型智庫出版研究報告上百篇，對照台灣是少得可憐；在知識傳播，大陸

區塊鏈圖書有265本，台灣也是非常少，其中有幾本還是中國大陸作者授權台灣出版。

　　個人觀察兩岸對區塊鏈投入的差距會日益擴大，主因在台灣市場小，人力與經費都沒有到位，許多應用或產業化就無法嘗試與有效推動，同時在區塊鏈的知識普及工作，也沒有像中國大陸欣欣向榮，遍地開花，台灣區塊鏈政府投入作為，尤其是地方政府也遠遠不如中國大陸，如貴陽區塊鏈白皮書，上海區塊鏈技術與應用白皮書、杭州市區塊鏈產業報告、江蘇省區塊鏈產業發展報告等，都透露這些城市或省未來如何積極發展區塊鏈。

　　除此之外，全球許多城市也訂立區塊鏈發展策略如杜拜區塊鏈發展策略，因此個人建議台灣六都市長是可好好梳理中國大陸近幾年各官民智庫的區塊鏈資料與報告，來檢視該市區塊鏈發展的優劣勢，讓台灣區塊鏈工作能迎頭趕上，製造商機與就業機會。

　　區塊鏈基本上是在建構一個更加可靠的互聯網系統，從根本上解決價值交換與轉移中存在的欺詐和尋租現象。愈來愈多的人相信，隨著區塊鏈技術的普及，數位經濟將會更真實可信，經濟社會會變得更加公正與透明，同時區塊鏈技術具備一種「降低成本」的強大能力，能簡化流程，降低一些不必要的交易成本及制度性成本，是現在金融科技主要技術之一，可廣泛應用於許多社會經濟領域中，對於改善當前新冠肺炎低迷的經濟環境與增加投資及就業機會會是好議題，希望政府不要錯失。

2020年09月08日 工商時報

5、救經濟，區塊鏈是台灣金融科技活水嗎？

　　金管會9月29日通過街口投信處分案，並以13頁新聞稿搭配違規示意圖，細數街口投信重大缺失，金管會證期局官員並重話直指，「在胡亦嘉主導下，街口投信董事會被架空，監察人功能喪失，最重要的兩個管理職董事長及總經理職務，形同虛設，內控機制無法運作，期待沒有胡亦嘉的街口投信，能回歸正軌運作。」此事也應了古語「民不與官鬥」，但有可能會不利台灣金融科技業的發展。

　　個人觀察胡亦嘉先生與金管會衝突，主因在街口集團託付寶產品，日前金管會證期局局長張振山表示，希望街口提供託付寶中間區塊鏈等相關作法與說明，金管會新主委黃天牧也表示，街口託付寶最大的問題在一般投信基金贖回是依照淨值，但街口金融科技強調要用區塊鏈，創造新的演算法即時支付給投資人，演算方法是不是透明，對消費者、投資人的保護，「不是某一個人說了算，而是要禁得起後面的檢視跟考驗」，而胡亦嘉先生也表達「他們從頭到尾沒講過『區塊鏈』這三個字」，他們一直都是說演算法，顯示官方對「區塊鏈」功能機制與民間業者，有極大落差與誤解。

　　由於區塊鏈是目前盛行金融科技之一，這項技術可讓債權或股權的融資與投資管道起了相當大變化即去中心化，由於金融科技公司有輕資產化特性，非常容易讓投機分子湧入這個領域，一但陷入經營危機，就會引發社會不安。

　　由於區塊鏈可讓投資人或債權人透過轉帳介面與區塊鏈網絡對接，將資訊記錄在鏈上，民眾就可以獲得高度可信的轉帳紀錄，無須擔心的三方影響，讓投資人或債權人更放心，金管會或許基於投資者安全希望藉由引進區塊鏈在街口集團託付寶產品設計中，對胡亦嘉先

生而言，會認為是一種找碴，而產生不滿，其實胡先生可順勢而為，一方面可展現該金融科技公司對金融科技的開發能力，另一方面也可安金管會官心，讓託付實能順利在市場充分運作。

2008年區塊鏈橫空出世，到目前為止，區塊鏈已經歷三個階段，其應用已超出金融領域。區塊鏈基本上是在建構一個更加可靠的互聯網系統，從根本上解決價值交換與轉移中存在的欺詐和尋租現象。

愈來愈多的人相信，隨著區塊鏈技術的普及，數位經濟將會更真實可信，經濟社會會變得更加公正與透明，同時區塊鏈技術具備一種「降低成本」的強大能力，能簡化流程，降低一些不必要的交易成本及制度性成本，是現在金融科技主要技術之一。

區塊鏈已廣泛應用於許多社會經濟領域中，對於改善當前新冠肺炎低迷的經濟環境與增加投資及就業機會是好議題，希望金管會與民間業者能合力運用區塊鏈技術，讓台灣零散小資金能有機會集中更有效活化投資運用，創造金融科技業者、政府與民眾三贏局面，也讓原本在金融科技發展落後的台灣能急起直追，成為台灣另一股經濟發展動能。

2020年10月7日 蘋果論壇

十、長期照護

1、長期照護的另一種思維

　　蔡政府堅持用政府預算來推動長期照護，但缺錢、缺人與預算執行不力，讓長照悲劇一再上演，因此對老化時代的來臨，總統候選人應有新的思維，方能讓台灣老人人口過得自在。

　　幾年前，新北市新店區養護中心的一場大火，造成多位長者罹難，在在暴露出台灣長期忽視對長者居住安全生活空間、照護人力不足等長期照護議題，而這些養護中心又是目前庶民能負擔得起的照護場所，這些場所在新法推動後，確定要退場，將被迫停業，無法再收容不能自理的老人，勢必得影響許多家庭，讓整體社會充滿不安，不知長輩要託付給誰照護。

　　美國行之有年的持續性退休養老社區CCRC（Continuing Care Retirement Community）或日本近兩年大力推動的日版CCRC也稱為生涯活躍社區，某種程度就是長期照護，與過去的養老設施的最大不同點是，對象是健康的老人，住在退休養老社區的老人，平時可到社區外工作，上自己有興趣的學習課程，或參加公益社會活動，過著積極的老後生活。這種設施是從老人健康時照顧到需要看護，因此老人若需要醫療和看護時，除CCRC內可提供照護服務之外，同時與附近的醫院合作，確保能一直照顧到人生的終點。

　　這種制度一方面可將養老工作化為一種產業，另一方面也活絡地方、帶動就業機會，除此之外，這項制度其實也符合台灣的長照社區化目標。

　　美日CCRC制度最大不同處，在政府介入程度，日式是由政府大力主導，可能會讓國人更易接受。日式CCRC是一種新型養老設施是針對上班族設計，希望盡量壓低入住價格，鼓勵目前居住在大都市但有意移居鄉下生活長者，及目前已居住在鄉下但有意遷居者入住。日

式CCRC制度目前配合其地方創生計畫，已在全國各地積極開展，各地方政府將CCRC視爲能引進就業機會，帶動消費的契機。網路上可以查閱的資料如三浦市、佐久市、南魚沼市、弘前市、前橋市、新潟市、宇部市、美馬市、都留市及山形縣都積極參與，中央政府也因此更努力推動，將規劃流程手冊從一版25頁內容充實到三版的123頁，來證明日本政府對高齡者未來生活的重視，期盼總統候選人能重視這項高齡者新政策。

個人觀察台灣高鐵建設或花東鐵路改善，讓台灣成爲一日生活圈，若能搭配更完善的公共運輸工具與目前台灣完善的醫療資源，台灣會比日本有機會將日式CCRC做成功，尤其是台灣在少子化趨勢下，各級學校或部隊營舍所釋出的空間是有機會改建或增建爲養老社區，讓台灣的長者能有眞正符合老人安全、便利生活空間。

而這些養老社區未來是可委由願意返鄉或移鄉青年來創業經營，對未來台灣小城鎮的就業機會的產生是有助益的，說不定還有機會讓更多人口回流，達到城鄉均衡發展。而移居長者的都市居住房屋是可透過信託機制而成爲出租住宅，一方面可提供移居CCRC長者生活費用，另一方面若由政府出面，當然就可成爲所屬「社會住宅」，對降低都會區青年人的住宅需求壓力應該就有所助益。因此台式的CCRC制度若能在未來啓動，是可以解決政府資金、人力不足困境，充分滿足老人居住與安養照護問題，也可讓眾多不安全的養護中心能有機會轉型，使高齡者能善終。

除此之外，新CCRC觀念是可以解決台灣未來住宅問題，避免未來大台北地區住宅供給過剩，期盼總統候選人能用這一石二鳥的長期照護新思維。

2019年11月19日 工商時報

2、公私合夥推動，健全台灣長照體系

　　蔡總統的長期照護2.0版，將台灣長照體系區分為A級旗艦店、B級專賣店與C巷弄長照站三級，但從錢與人的角度觀察，成功機會並不高。蔡總統引以為傲的A級旗艦店、B級專賣店在目前長照預算短絀情況下，要普及台澎金馬地區的困難度相當高；A級旗艦店、B級專賣店若不能建置成功，C巷弄長照站無法有效支援。因此台灣長照不妨運用現有的養護中心，透過公私合夥關係（PPP）機制，來協助政府成立A級旗艦店、B級專賣店，改善目前長照缺失，不要讓長照看護者無力照護，尋死的悲劇一再出現。

　　長照人力問題，專家早已點出現有不足之處。個人覺得台灣一直未將養老服務當成一項產業來看待，一直視為一種給予式的社會福利，當然無法吸引年輕人或有心人投入，更何況近二十多年來，台灣長照大都依賴外籍移工，也讓長照無法成為類似旅遊等服務業形象。政府若願意將長期照護2.0版A級、B級據點運用公私合夥關係，並採社會企業方式經營，或許有可能扭轉長照工作形象，讓年輕人或有心人投入利人也利己的新服務業。

　　美國行之有年持續性退休養老社區（CCRC），或日本近兩年推動的生涯活躍社區（日式CCRC），一方面可將養老工作化為一種產業，另一方面也活絡地方、帶動就業機會，某種程度類似政府推動的長期照護2.0版A級旗艦店與B級專賣店。但從政府目前第一批通過審查家數速度，要想遍及台澎金馬地區，恐怕要五至十年才有可能，速度慢的主因在政府財力不足。

　　政府若能運用公私合夥關係，配合既有許多閒置空間，如空營區、空校舍、公共空間及土地，並搭配政府有限預算補貼或補助，是

可讓年輕人、有心人與目前要轉型營運有困難的養護中心業者，有機會透過社會企業來成立合格的長期照護2.0版A級與B級據點，如此台灣長照體系才有機會落實推動。

美日CCRC制度最大不同處，在政府介入程度，日式是由政府大力主導，可能會讓國人更易接受。日式CCRC是一種新型養老設施，是針對上班族設計，希望盡量壓低入住價格，鼓勵目前居住在大都市但有意移居鄉下生活的長者，及目前已居住在鄉下但有意遷居者入住。與過去的養老設施最大不同點，對象是健康的老人，住在退休養老社區的老人，平時可到社區外工作，上自己有興趣的學習課程，或參加公益社會活動，過著積極的老後生活。

這種設施是從老人健康時照顧到需要看護，因此老人若需要醫療和看護時，除CCRC內可提供照護服務之外，同時與附近的醫院合作，確保能一直照顧到人生的終點，這才是台灣完整健全的長照政策。

期盼未來新總統能重視這項高齡者新政策，並藉由公私合夥關係，來推動讓長期照護2.0版A級旗艦店與B級專賣店，能成為台式CCRC。

2019年11月21日 聯合報

十一、能源政策

1、躁進廢核，誤國殃民的能源政策

2、政府能源政策不應危害人民健康

1、躁進廢核，誤國殃民的能源政策

　　由德國看守協會與歐洲氣候行動網甫發布的「氣候變遷績效指標」，台灣在評比中排名倒數第三，也是歷年來最差的成績，其實反映蔡總統能源政策去核電、用煤電，增加碳排放之結果，成績變差自屬必然。

　　蔡總統的「2025非核家園」政策，要發展再生能源來替代核電與部分火力發電，但這些能源需要長時間建置，不到十年時間就要達成，困難度與風險性都相當大，因此台灣民眾在去年九合一大選時，藉由三項公投向蔡總統說不。但蔡總統不理公投決議，仍執意執行這項誤國殃民「2025非核家園」能源政策。

　　少了核能發電，再生能源遠水救不了近火，電力供應如何補充？短期就只有靠燃煤、燃油、燃氣來供應，其中燃煤的二氧化碳排放最高，刻下的發電以燃煤為主角，各火力發電廠成為近年空汙嚴重的眾矢之的。如果沒有這些火力發電廠賣力演出，台灣隨時都有跳電機會。

　　但台灣民眾愈來愈有環保意識，也愈來愈重視健康，火力發電會製造空汙，讓PM2.5致癌物濃度增加，蔡總統一味的廢核，人民還看不到非核家園的好處，就賠上健康，這難道不是「殃民」嗎？

　　臨近的日本核電廠再度啓用，原因無他，碳排放太高，有違對國際社會的承諾。畢竟「減碳」才是當前國際主流，瑞士民眾也因「減碳」的重要而將廢核議程往後延五年。

　　國人從來沒有反對再生能源，但這些能源需要長時間建置。太陽能發電需要大量土地建置太陽能板，目前已產生農民不願種植而種電，此舉將會影響台灣糧食安全供應。風電中的發電機組與海上施工能力，台灣自主能力不夠，因此風電市場淪為外國廠商的俎上肉，加

上保障電價，屆時台灣人民的電費大增，荷包失血。目前已看到外國風電電商藉達成2025供電量目標為由，要求設備與零組件以進口來取代扶植台灣風電產業鏈，屆時台灣花大錢而無法使新產業生根，這些都是躁進「非核家園」的誤國事實。

　　台灣多數人不反對非核家園，反對的是毛躁式的廢核計畫，不但代價高，更讓中南部民眾深受空汙之苦。日前台中市盧市長帶頭抗議中央執意放寬用煤發電，個人認為誤國殃民的能源政策會在明年大選再次受選民譴責與唾棄。

2019年12月12日 聯合報

2、政府能源政策不應危害人民健康

霾害已成兩岸的共同話題，兩岸政府也採取許多措施來想方設法減輕甚至消除霾害，還給人民一片藍天，但從近年相關媒體的報導，台灣的空汙尤其是中南部，幾乎每天都在拉警報，對照中國大陸霾害警訊不若往年那麼頻繁，為何有那麼大的差別，個人發現主要原因在中國大陸近年的冬季供暖改採天然氣，對照台灣現成近20%核電不好好運用，只好大開火力電廠來補用電缺口，而火力電廠幾乎集中在中南部，中南部的霾害，打從2017年，就愈來愈嚴重。

2017年為何是台灣霾害愈來愈嚴重的一年？主因在蔡總統罔顧人民健康，堅持推動條件不成熟的2025非核家園政策，放著現成核電不用，大增火力電廠機組，來補上核電缺口，此舉不但降低台灣電力備載容量，增加停電或限電風險，更糟糕的是火力電廠機組齊開，排放物大增，這些排放物對人體是有危害的，蔡總統對此真的不能視若無睹。台灣空汙問題當然不能完全歸責於火力電廠機組，與台灣產業結構跟大量汽機車脫不了關係，但台灣火力發電齊開，剛好是壓垮駱駝的最後一根稻草，變成眾矢之的，因此，只要火力電廠發電降載，空汙就有改善，民眾希望再將兩部核電機組重新啟用，不是沒道理，希望蔡總統能將人民聲音聽進去。

前幾年有兩份報告都透露出空汙對人體健康的危害，第一份報告是國家衛生研究所所做，指出台灣北中南地區PM2.5年平均濃度大多高於環保空氣品質標準（15微克／立方公尺），研究團隊發現，PM2.5對於我國65歲以上成年人以及孩童的肺功能、孩童呼吸道發炎、孩童因氣喘到急診看診、65歲以上肺阻塞患者到急診看診、罹患肝癌等有關；PM10的暴露與腎臟功能降低有關；孕婦暴露於一氧化

碳濃度範圍，增加妊娠糖尿病以及胎兒異位性皮膚炎罹患風險。同時也點出台灣中南部地區是較急需控制PM2.5的地區。

　　第二份報告是康健雜誌所做，指出全台氣喘增加冠亞軍落在南投縣與嘉義縣，這兩縣全年有近三分之一日子，空氣品質差，氣喘就醫人數比五年前各增加二倍和一倍，彰化縣排名第三，比五年前增加九成，雲林縣以南縣市則增加四成，彰化基督教醫院接受康健雜誌訪問，指出只要空汙超過危險等級，隔天當地急診氣喘人數必大增，兩份報告都點出中南部民眾健康飽受空汙危害，偏偏台灣的火力電廠都集中在中南部，這些電廠已成為2025非核家園，造成可能缺電的急先鋒，拚命發電，空汙當然愈來愈嚴重。

　　2025非核家園的推動，讓人想起孟子與梁惠王對話：「庖有肥肉，廄有肥馬，民有飢色，野有餓莩，此率獸而食人也，獸相食，且人惡之，為民父母行政，不免於率獸而食人，惡在其為民父母也」。目前蔡總統這項能源政策已成為一頭製造空汙排放物大怪獸，這隻大怪獸不斷的在侵蝕民眾健康，尤其是中南部民眾健康與壽命，與孟子所言率獸食人並無差別，希望蔡總統能改弦易轍，調整2025非核家園能源政策，舒解民怨，不要危害人民健康，讓人民有一口好空氣呼吸。

2021年02月22日 台灣公論報

十二、觀光規劃

1、高雄拚觀光，九二共識只是
　鑰匙

2、高雄拚觀光，先要有觀光規劃

3、【他山之石】國旅欲升級，
　可向日本看齊

1、高雄拚觀光，九二共識只是鑰匙

　　韓國瑜以「貨賣得出去、人進得來、高雄發大財」訴求，贏得高雄民眾青睞，入主高雄市政府，高雄民眾尤其是觀光業者，莫不期盼陸客能回流，讓高雄觀光業有春天。

　　由於蔡政府不願承認「九二共識」，兩岸關係僵化，陸客團客量大量減少，許多景區跟著冷清，高雄也不例外，因此大家都認為不承認「九二共識」阻礙了台灣觀光業發展生機。個人預估韓市長帶頭承認並支持「九二共識」，陸客團客就會接踵而來，人進得來就實現一半。高雄市準副市長葉匡時接受訪問，點出「高雄觀光不能只靠陸客，但不能沒有陸客」，就是希望高雄觀光產業長長久久。

　　陸客不來台灣，有人會認為是好事，這樣旅遊品質比較好，耳根清靜許多，這種說法某種程度是錯誤的。每個國家或地區或城市都在衝觀光人次，陸客大量來台時，造成許多景區吵雜、擁擠，影響台灣民眾旅遊意願，陸客固然有責任，但從觀光產業的特性之一好客來講，由於台灣中央到地方都沒有完善觀光規劃，讓陸客入境亂成一團，景區吵雜、擁擠是預期的。看看鄰近地區，如日本、韓國、香港、澳門、新加坡陸客量都比台灣多，也比台灣有秩序，凸顯台灣中央到地方觀光規劃存在許多改善空間，因此高雄需要有完善觀光規劃，才能讓高雄觀光產業永續經營。

　　日本為何可以在不到十年的時間，外國觀光客從一千萬變成四千萬，個人觀察歸因在2012年安倍再任首相後，修正原先觀光立國推進基本計畫，並在2013年提出實現觀光立國行動方案，同時每年定期檢討推陳出新，讓日本觀光潛力釋放出來。其中如大膽開放有魅力的公共空間與設施、促進招攬國際會議與展覽、強化地方機場機能與

航線、擴充郵輪入境設施、改造公共運輸利用環境、休閒改革、全面推動無障礙空間等，都是高雄市政府與韓市長可以借鏡努力的空間。

當然，做好觀光規劃不是只有日本可參考，澳門、新加坡、香港的觀光規劃績效都相當成功，也值得未來韓市府借鏡。

韓市長承認「九二共識」只是將觀光大門打開的鑰匙，但要讓高雄人賺足、賺飽、賺久觀光財，做好高雄觀光整體規劃行動方案，才是振興高雄觀光根本之道，韓市長加油吧。

2018年12月26日　聯合報

2、高雄拚觀光，先要有觀光規劃

高雄市新任市長要開徵城市稅，對振興高雄觀光絕對不是好事，尤其是在九合一勝選後，陸客對高雄感興趣，有機會回流，但此舉會讓人感覺對陸客不友善。日本今年開始要對出境者課徵觀光稅1,000日元，日本採每人每次，韓市長是每人每天100台幣，比日本貴上許多，對觀光內涵遠不如日本的高雄，不曉得高雄有何面子向觀光客要錢。

日本從觀光人數2013年突破一千萬人，比台灣早兩年，2013年到2017年四年間從一千萬成長爲兩千八百六十九萬，逼近三千萬，這些旅客包括台灣民眾都一而再的前往日本觀光，這就是有本錢課徵觀光稅。日本觀光振興，歸功於日本觀光立國行動方案，建議中央與地方政府包括高雄市，都應好好閱讀學習。

2018年版觀光立國行動方案內容分三大單元：一是發揮觀光資源魅力做爲地方創生基礎，二是透過改革產業與競爭力提升，將觀光產業變化國家主力產業，三是滿足所有旅遊者無壓力的舒適觀光環境，從各單元的細項更可看到日本爲何成功的道理。

第一單元提出十一項方案：大膽開放有魅力的公共空間與設施、展現文化財觀光資源、國家公園品牌化、透過活用與保護有優異景觀的觀光資產來提升觀光地區魅力、打造短居型農山漁村、活用古屋等歷史資源進行地區發展、開發新觀光資源、擴大地方商店街觀光需求與傳統工藝品消費、改善世界水準般的地區旅遊路線、打造觀光立國櫥窗、復興東北觀光；第二單元十五項方案：修改觀光相關制度與法規、因應民宿服務需求、配合觀光產業需求強化經營人才培育、解決旅遊住宿不足問題，同時提出多樣住宿需求選擇、建立符合世界水準的旅遊目的地行銷管理組織（DMO）、持續推動觀光地區再生與活

化基金、檢討推動觀光立國新財源、提升訪日銷售促進戰略、強化海外來日觀光各式各樣魅力資訊提供、促進招攬會展產業（MICE）、持續檢討綜合度假村（IR）相關法律措施、放寬簽證、活化訪日教育旅行、充實觀光教育、鼓勵年輕人外出壯遊。

　　第三單元十三項方案：運用先進技術改革出入境審查、從民間創造活動、推動觀光與社區發展一體化、大幅提升無現金環境（含海外卡可提現ATM）、所有人都能方便使用網路與通訊、提供多國語言資訊、充實外國人緊急醫療、建立日本世界第一治安環境、建立地方創生迴廊、強化地方機場機能與航線、擴充郵輪入境設施、改造公共運輸利用環境、休閒改革、配合奧運，全面推動無障礙空間。

　　前述三十九項行動方案，除少數非高雄市政府有能力推動外，多數是高雄市政府能借鏡來學習，要讓旅客回流旅遊是觀光產業永續經營之道，韓市長想拚觀光，請先做好觀光規劃基本功。

2019年1月28日 台灣公論報

3、【他山之石】國旅欲升級，可向日本看齊

　　新冠肺炎重創各國觀光產業，國人連帶也無法像過去一樣在暑假期間出國觀光，近期台灣疫情較各國舒緩，加上政府對觀光業者有紓困方案與振興券之故，國旅突然大興其道，其中到離島旅遊金門、澎湖、馬祖、綠島、蘭嶼，都被國人稱爲「僞出國」，但人滿爲患，一點旅遊品質都談不上，勢必會影響觀光業未來振興發展，國人近幾年都有三、四百萬人赴日觀光，顯示日本旅遊措施有令台灣借鏡之處，因此政府應好好藉由此次危機來提升國旅旅遊與未來入境旅遊品質。

　　日本早在2003年小泉內閣，已提出「觀光立國」，2008年麻生內閣成立觀光主管機關——觀光廳，雖然有觀光立國懇談會報告書、《觀光立國推進基本法》、觀光立國推進基本計畫，但對觀光活動刺激始終未起色，在2012年以前，入境旅客低於600萬人，2012年安倍再任首相，修正觀光立國推進基本計畫，並在2013年提出實現觀光立國行動方案之後，每年定期檢討推陳出新，目前在日本觀光廳可以閱讀到2013～2019年的行動方案內容，日本政府就是藉此方案讓入境觀光人數在2019年突破爲3,188萬，若不是疫情發生，日本希望2020年能突破6,000萬。

　　2018年版觀光立國行動方案內容分三大單元：一是發揮觀光資源魅力做爲地方創生基礎，二是透過改革產業與競爭力提升，將觀光產業變化國家主力產業，三是滿足所有旅遊者無壓力的舒適觀光環境，從各單元的細項更可看到日本爲何成功的道理。

　　第一單元提出十一項方案：大膽開放有魅力的公共空間與設施、展現文化財觀光資源、國家公園品牌化、透過活用與保護有優異景觀的觀光資產來提升觀光地區魅力、打造短居型農山漁村、活用古屋等

歷史資源進行地區發展、開發新觀光資源、擴大地方商店街觀光需求與傳統工藝品消費、改善世界水準般的地區旅遊路線、打造觀光立國櫥窗、復興東北觀光。

　　第二單元十五項方案：修改觀光相關制度與法規、因應民宿服務需求、配合觀光產業需求強化經營人才培育、快速解決旅遊住宿不足問題，同時提出多樣住宿需求選擇、建立符合世界水準的DMO組織、持續推動觀光地區再生與活化基金、檢討推動觀光立國新財源、提升訪日銷售促進戰略、強化海外來日觀光各式各樣魅力資訊提供、促進招攬MICE、持續檢討IR相關法律措施、放寬簽證、活化訪日教育旅行、充實觀光教育、鼓勵年輕人外出壯遊。

　　第三單元十三項方案：運用先進技術改革出入境審查、從民間社造活動，推動觀光與社區發展一體化、大幅提升無現金環境（含海外卡可提現ATM）、所有人都能方便使用網路與通訊、提供多國語言資訊、充實外國人緊急醫療、建立日本世界第一治安環境、建立地方創生回廊、強化地方機場機能與航線、擴充郵輪入境設施、改造公共運輸利用環境、休閒改革、配合奧運，全面推動無障礙空間。

2020年08月06日 蘋果論壇

十三、城市治理

1、台北「四年」規劃，市民如何光榮

　　柯市長日前促銷其新書《光榮城市》，個人是不會花冤枉錢來買此種書的，如果柯市長尊重台北市民，不是應免費將政績放在網路上供市民閱讀，怎可要「頭家」掏腰包花錢？

　　個人透過媒體報導，了解書中內容，對柯市長將台北市定位為「全球都市」做為願景，感到非常失望。台北市不必柯市長定位為全球都市，在GaWC、2thinknow組織，早就將台北納入全球都市評比，台北市之所以被認為是全球都市，是歷任台北市長與全體市民所打造的，台北市要的是全球都市的具體內容，而不是空泛的進步價值。

　　台北、上海雙城論壇行之有年，上海市在21世紀初，就自我定位為四大中心：經濟中心、貿易中心、金融中心與航運中心，從全國朝向全球努力，從目前許多指標可解讀2020年前，目標應可達到。但上海市又在十二五期間積極規劃2050願景，城市總體規劃則希望在2050年前，成為4＋1中心，除四大中心外，新的中心為科技創新中心，這種願景才會讓市民有光榮感。

　　從柯市長上海行的相關媒體報導，個人可推測柯市長沒有提出要觀摩上海的願景規劃，相當可惜，也佐證台北市政府對競爭對手的資料蒐集功課做不夠。台北市在21世紀初期是有些領先上海，但近年來，兩市差距愈來愈大，台北市競爭力滑落，被原先落後的城市逐一超越，這要如何令市民光榮？

　　新聞報導，柯市長近期要以「全球都市」公布未來四年白皮書，選舉前公布，個人認為這就是一種「怠惰」。四年規劃與上海三十年規劃相較，台北市一下就被比下去，何來光榮之有；況且急就章的規劃絕對沒有前瞻性，如何讓市民感動？

上海市進行2040城市總體規劃、2050願景時，曾廣泛研究許多城市的2030、2040規劃，台北2030也是上海學習對象，只不過台北市當年是生態城市規劃，不是綜合整體規劃。值得借鏡的當然還有其他城市，這些城市的願景或規劃都在網路上，只不過政治人物怠惰不願吸取他人經驗。

香港目前又修正其香港2030為香港2030＋，凸顯香港會注意情勢變遷來調整內容，不會到任期結束前再修正。盼台北市長參選人與各縣市長能廣泛學習先進城市的願景，打造自己的光榮家園。

2018年07月19日 聯合報

2、向上海學習城市願景規劃

　　1981年，我在台北市就讀大學，李登輝先生正主政台北市，舉辦一場「台北市都市發展規劃與經營管理研究會」，會中邀請海外知名學者參與，策劃未來台北市市政發展，個人認為這場研討會，除奠定台北市現代化與國際化基礎，也引領開拓台灣都市規劃與城市經營，把台灣經濟奇蹟充分展現。

　　2014年，上海市配合第一屆聯合國世界日活動舉行，辦理類似1981年台北市研討會，以「上海2050：崛起中的全球城市」為主題，吸引了來自聯合國、世界銀行和國內外城市研究領域的一流專家參與，從城市創新、全球化、城市治理等不同角度出發，對全球城市發展趨勢和2050年上海發展戰略等問題，展開深入研討，提出眾多真知灼見。2015年再舉行第二屆聯合國世界日，以「全球城市：創新與設計」為主題，邀請來自世界銀行、中國大陸國務院發展研究中心和海內外相關領域的專家學者在分享紐約、倫敦、東京等全球城市發展經驗的同時，圍繞未來三十年上海邁向全球城市面臨的科技創新、產業升級、社會文化等問題展開深入交流，這二次論壇活動替上海市在進行2040城市總體規劃、2050年願景研究築底。

　　上海市在進行2040城市總體規劃、2050年願景，也廣泛研究許多城市2030、2040規劃，如巴黎2040、法蘭克福2030、東京2030、約翰尼斯堡2030、倫敦2030、墨爾本2030、首爾2030、台北2030、香港2030、巴爾的摩2030、新加波2030、台北市當年也是上海的前瞻學習對象，透過這些城市的借鏡與標竿學習，上海很快抓住發展重點與方向，同一時間上海市政府也委託多位學者領軍，如王振、王戰、肖林、周振華，進行2050年願景研究成果，如上海2050（八

冊）、卓越的全球城市（三冊），其研究與規劃功夫已超越當年台北市許多，但台北市柯市長渾然不知。

上海市的2050年願景是不急不徐採「三步走」前瞻戰略，2030讓上海成為世界最大城市群的首位城市，2040年成為領先的全球城市（國際經濟、貿易、航運、金融與全球科技創新中心），2050邁向全球文明城市，落實信息文明、生態文明、治理文明及文化融合，希望達成四項願景：一是科技創新的全球領先都市，目標為引領新一代信息技術應用革命、開拓顛覆性技術的創新領域；二是生產變革的全球引領城市，目標為信息化生產方式、創新型產業體系；三是智慧生活的全球示範城市，目標為智能產品的廣泛普及與應用、信息社會城市生活的上海興起、新產品的價值倡導與消費引領；四是資源配置的全球網絡城市，目標為全球影響力的資源配置中心、全球影響力的科技創新中心、全球影響力的知識交流中心。

台灣縣市長選舉離投票日不到四個月，但個人看不到要連任的縣市長有何前瞻願景規劃，面對上海市如此有前瞻性規劃與豐富規劃成果，現任縣市長豈不汗顏，當年李登輝市長的示範，上海市政府學到了而台灣各縣市，包括台北市卻遺忘了，因此個人期盼台灣的縣市長候選人們，以上海為標竿學習，策劃台灣各縣市未來願景。個人在網路也閱讀過芝加哥2040、費城2035、雪梨2030、奧克蘭、溫哥華、多倫多、柏林、赫爾辛基、釜山、東京、大阪、名古屋、福岡、斯德哥爾摩、感到這些先進城市為追求進步和繁榮，依然不斷的提出願景或規劃，當然也值得我們借鏡學習，只不過上海的規劃與研究成果是中文呈現，最方便台灣政治人物閱讀，台灣政治人物不妨就從上海學習起。

2018年08月07日 工商時報

3、京滬願景規劃，讓台北汗顏

　　台北市長選舉至今仍然看不到兩黨候選人與競選連任的柯文哲的願景規劃，他們連一個願景都不給，就要台北市民選其中一人當市長，實在是太不尊重台北市民了。願景規劃本來是柯文哲的強項，很遺憾，他競選連任卻懶得提出具體願景規劃。

　　柯P上任後，有提出台北2050構想，也敲鑼打鼓，風光辦了一場委員會集思廣益，聘請不少知名專家、名人擔任委員，但柯市長對市政規劃就是缺乏整體概念，整個規劃從市政府網頁資料在2016年就停格，沒有後續作業。

　　柯P四年任期下來，台北市根本沒有任何進步，對照環繞在東亞地區的城市，如上海、北京、首爾、釜山、東京、大阪、名古屋、香港、深圳、廣州都有或2025、或2030、或2040、或2050城市規劃與城市願景，一個市長如果到選前一年，都沒有對市民提出其未來四年規劃來訴求連任，難道不是一種失職與失能？

　　其實四年前柯市長上任時，上海市也正在進行其2040年城市總體規劃與2050年城市願景研究，由於柯市長是市政大外行，不重視城市願景規劃，只知「五大弊案」，錯失第一時間學習機會，目前上海2040年城市總體規劃已定稿公布，2050年城市願景研究也出版多套研究叢書或專書，柯市長在雙城論壇赴上海市交流中，入寶山空手而回，又再次錯過機會，不知學習其他城市規劃與城市願景，當然就無法提出自己對未來台北市的願景。

　　個人閱讀完2040年城市總體規劃與2050年城市願景研究的心得，對上海市的領導團隊或研究人員只有「佩服」兩個字。佩服的理由有三項，一是願意編列大量預算做研究，並舉行國際研討會，邀請

國際知名學者參與提供建議；二是掌握計畫延續性，讓過去規劃成果與建設能接續，發揮承先啟後；三是上海市不急不徐採「三步走」前瞻戰略，2030年讓上海成為世界最大城市群的首位城市，2040年成為領先的全球城市（國際經濟、貿易、航運、金融與全球科技創新中心），2050年邁向全球文明城市，落實信息文明、生態文明、治理文明以及文化融合。

　　近日也從網路看到北京2035城市規劃構想，個人十分感慨，2000年時，台北市是北京、上海的學習模範，短短十多年，兩個城市的許多建設都已超越台北，原因無他，兩個市政府都依計畫，築夢踏實推動，讓市民與外人感受城市的進步。配合時代潮流與環境變化，提出城市新計畫是市政府領導的職責，北京、上海市領導與時俱進提出新願景，面對上海、北京的進步，台北豈不汗顏，盼望兩黨候選人與柯P能補強向市民提出自己對台北市的願景規劃構想，讓台北繼續光榮進步。

2018年10月19日 旺報

4、一個城市不能沒有願景

　　綠軍鋪天蓋地的「罷韓行動」再次證明綠軍很會選舉，韓市長被罷免成功，許多因素造成如此高的罷免票，個人認為市政草包說是韓市長最大致命傷，從網路流傳時代力量黃捷議員質詢韓市長自由示範經濟區議題，從兩人對話不難發現，韓市長只知一些粗淺自由示範經濟區，因此，不禁讓人回想起選戰期間兩次辯論會，韓、陳兩位先生的辯論內容，個人相信許多市民會與我一樣有同樣客觀評論，陳先生內容是比韓先生要來得有系統與具體，因此許多市民也不由得擔心韓先生上任後，要如何拯救這個「又老又窮」的城市，從黃捷議員質詢讓市民看到韓市長並未進入狀況，但韓市長始終未提出一個市政願景藍圖來彰顯自己未來有能力來領航高雄市，他上任後的路平或清淤被視為是理所當然之事，並沒有彰顯其救高雄能力。

　　環繞在東亞地區的大城市，如上海、北京、首爾、釜山、東京、大阪、名古屋、香港、深圳、廣州都有或2025、或2030、或2040、或2050城市規劃與城市願景，最近上海市公布其2040年城市總體規劃，其相關智庫也出版多套2050年城市願景研究叢書，這些資料向世人展示上海的願景藍圖，其「三步走」前瞻戰略，在2030年讓上海成為世界最大城市群的首位城市，在2040年成為領先的全球城市（國際經濟、貿易、航運、金融與全球科技創新中心），在2050年邁向全球文明城市，落實信息文明、生態文明、治理文明及文化融合。上海市進入21世紀這近二十年來，其進步快速，一年一個樣，有這種願景才能救高雄。

　　台灣選舉，縣市長候選人向來重視政見發表而非提系統性願景藍圖，因此候選人當選後，是卯足勁來兌現其政見，也不管政見是否

對縣市政長期發展有助益，拚命花錢，做盡討好選民的事，對創造財源與就業機會的投資卻裹足不前，縣市政的發展進步當然有限，也造成縣市負債累累，高雄負債近3,000億，但對整體經濟發展絲毫無助益，就是最好寫照，因此韓市長並沒有要覺醒，給高雄提出具體願景藍圖，沒有願景的政見，建設會無章法，一如過去陳菊市長，只會債留子孫。

　　上海市是超級大城市，或許並不合適當高雄標竿，高雄需要的是產業轉型發展與引進新產業的標竿學習城市，個人觀察東亞地區城市發展中國大陸的廣州、深圳、寧波三個港市目前也正在轉型中，也出現一些成果，日本的川崎、北九州是都市產業轉型發展與環境改善成功城市，而福岡是日本的南方大城與高雄在台灣地理位置相當，其近年來發展令人驚豔，釜山是高雄姊妹市也是福岡姊妹市，從落後高雄到超越高雄的經驗也值得高雄取經學習。另外，布里斯本近期也公布其2031年願景規劃，很可惜韓市長沒有好好利用這段時間參酌這些城市發展經驗，許給高雄市民一個願景，有願景藍圖或許高雄人會認為他不是草包。

2020年06月22日 台灣公論報

5、城市願景可讓「人進來、貨出去、高雄發大財」實現

　　高雄市長補選因李眉蓁碩士論文抄襲事件熱鬧一些，也讓人看到民進黨的雙標性，自己人抄襲就可輕輕放下，絲毫不關心高雄長期發展，只會打烏賊戰術。講實話，此次補選不若2018年選舉時熱鬧精彩，主因在當時韓國瑜提出「人進來、貨出去、高雄發大財」的構想引發高雄人共鳴，造成一股韓流風。讓當時陳其邁先生只會強調「暖男」風格，無法讓高雄人認為它有能力讓高雄經濟再起，韓國瑜一句話讓他風起雲湧，選舉結果以八十九萬票大勝陳其邁先生的七十四萬票。但韓市長未能善用高雄人才，在上任後將「人進來、貨出去、高雄發大財」形塑成高雄願景，反倒跑去選總統大位，引發高雄人不滿，讓他總統大選選票只得到六十一萬票，比市長得票數八十九萬票，少了二十八萬票，這二十八萬票，結合陳其邁的七十四萬票，就是蔡英文總統在總統大選取得一〇二萬票的主因，韓國瑜被罷免的九十四萬票，基本上是一〇二萬高雄人中，有九十四萬人繼續對韓國瑜進行第二次懲罰。

　　由於補選，有點像雞肋，食之無味，棄之可惜，三黨候選人一點也不認真，陳其邁先生一樣再呈現其「暖男」形象，開出一些政見支票，對「人進來、貨出去、高雄發大財」議題絲毫無幫助，在野黨兩人其實應承接韓國瑜前市長「人進來、貨出去、高雄發大財」議題，好好提出高雄城市願景，或許還有機會讓陳其邁先生再跌一跤。

　　「人進來」其實是將城市打造成宜居、宜遊、宜學的環境、「貨出去」是讓城市成為一個宜商、宜業的百業興旺環境，當一個城市能

做到宜居、宜遊、宜學、宜商、宜業時、人民能安居樂業，自然就能發大財。因此韓市長這句話本身是沒有問題，可以簡單反映高雄人心聲，但很可惜韓市長無法將它轉換成宜居、宜遊、宜學、宜商、宜業的行動計畫或方案，讓時代力量黃捷議員藉由「自貿區」議題將韓市長定格成「市政草包」。個人觀察環繞在東亞地區的大城市，如上海、北京、首爾、釜山、仁川、大邱、蔚山、大田、光州、東京、大阪、名古屋、京都、福岡、北九州、香港、深圳、廣州都有或2025、或2030、或2040、或2050城市規劃與城市願景，遠一點的新加坡、雪梨、墨爾本、布里斯本、奧克蘭、威靈頓、都有2030、2040或2050規劃，尤其是布里斯本、釜山都還是高雄市姊妹市，個人認為民進黨主政二十年來，高雄節節落後在六都或其姊妹市，主因在高雄市沒有城市願景。

　　此次補選一如過去台灣選舉，只提政見，不重視城市願景規劃，就個人觀察民進黨主政高雄二十多年來，是卯足勁來兌現其政見如裝假牙，對高雄市政長期發展，一點都沒助益，拚命花錢，做盡討好選民的事，對形塑高雄創新創業環境能力與提升高雄競爭力毫無幫助，高雄市政的發展進步當然有限，也造成縣市負債累累，高雄負債近3,000億但對整體經濟發展絲毫無助益，就是最好寫照，希望補選三黨候選人能給高雄提出具體願景藍圖，沒有願景的政見，建設會無章法，一如過去陳菊市長，只會債留子孫。

2020年08月10日 台灣公論報

.

十四、高雄城市發展

1、「貨賣得出去、人進得來」，關鍵在九二共識

2018年九合一大選剛落幕，韓國瑜先生如願將綠地變藍天，其選舉期間的「貨賣得出去、人進得來、高雄發大財」一句話，感動許多高雄人，讓高雄人願意給他機會翻轉高雄，這句話被改為「貨賣得出去、人進得來、大家發大財」更席捲台灣，成為一股強大韓流，讓蔡政府招架不住，終於大敗。

台灣的貨要賣得出去，關鍵就要政府簽署許多個FTA才能做得到，但蔡政府始終不承認九二共識，讓蔡政府上台大張旗鼓要加強與主要貿易國家的雙邊經貿關係的簽署，尤其是亞洲近鄰國家，如日本、韓國、菲律賓、越南、泰國、馬來西亞、印度等人口眾多國家，簽署FTA毫無進展，這些國家都與中國大陸有正式外交關係，連蔡總統最親近的日本也還沒簽經濟合作協議（ECA）。沒有雙邊FTA或ECA，台灣產品多了關稅成本，競爭優勢少了許多，這也就是目前台灣許多中小企業貨賣不出去的主因。

日本2017年入境觀光人數2,869萬人，排名前四個客源地，韓國（714萬）、中國大陸（735萬）、台灣（456萬）、香港（223萬），兩岸三地貢獻1,415萬人，近50%，加上韓國有近75%，因此可以看到日本是做到友台親中睦鄰拚觀光。對照台灣蔡政府不認同九二共識，不睦鄰，陸客團就大幅減少，其後遺症，從2017年觀光人數1,073萬多人次，其外匯收入為256.71億美元；對照2016年觀光人口1,069萬人次，外匯收入則為257.29億美元；人數增加是有從南向國家來補充而維持1,000萬人次，但這些南向來的觀光客行程短，且集中在台北地區，因此觀光創匯收入比不上陸客，觀光業者哀鴻遍野，一再陳情希望蔡政府承認九二共識，讓陸客能持續增加走進來。

如能像2017年泰國有陸客人數980萬或像日本735萬，台灣觀光人數突破2,000萬並非不可能，關鍵在九二共識，是讓陸客團客再大量走進來。

蔡總統這兩年半來，一直喜歡用2016年總統大選52.8%選票結果來顯示民意，並推動各式各樣政策，包括不願意承認九二共識，但九合一大選，民進黨只獲得39.2%，2018年的新民意已出現，民進黨比國民黨少120萬票，國民黨是主張恢復在九二共識基礎下，進行兩岸交流，韓國瑜先生「貨賣得出去、人進得來」主張，沒有九二共識是很難有效果，盼望蔡總統能比照尊重新民意，重新承認九二共識，好讓台灣貨賣得出去、人進得來，大家發大財。

2018年12月26日 台灣公論報

2、高雄振興發展的振興方略

引起國人與海外華人關注的高雄市長選舉落幕，韓國瑜當選了，但從其公布的政見與兩場辯論，不少市民覺得其政見要振興經濟是相當空洞，個人研究各國城市發展之際，也會關注各城市的經濟發展戰略或產業政策，經濟發展戰略或產業政策剛好是台灣地方自治最弱的一塊，近幾年台北、高雄、台中是有委託學術單位研究，很遺憾並無像國外地方政府付諸行動而束之高閣，茲就個人參酌國外各城市的經濟發展戰略或產業政策，提出個人對高雄經濟發展振興三個方略給未來韓市長新市府團隊參考。

高雄經濟發展第一個方略是要找出高雄定位與使命，高雄有海空雙港優勢，因此可以將整個高雄市融入在自由貿易區概念中，使整個高雄市有如新加坡、香港般的自由市（Free City），唯有開放才能吸引外商、國內外精英進駐高雄。

第二個方略是做好高雄產業空間改造，才能讓高雄產業打掉重練，讓高雄走入循環經濟，預防工安再度發生，創造宜居宜業環境，因此個人建議是將高雄劃為六個分區：北高雄定位為國內門戶中心、南高雄定位為國際門戶中心、鳳山定位為高雄文創核心區、岡山定位為高雄科技城、旗美定位為宜居養生城、原民區定為為綠色生態區，就能做好產業活動不衝突規劃，與創造群聚效果。陳、韓兩位的經濟發展政見中，產業論述並不周延，同時缺乏要發展經濟的相關配套，如科技規劃等，因此個人第三個方略有如下八項內容：

一、發展六次現代農業：朝無毒、品牌、精緻、加值、產銷合一發展現代農業，並積極鼓勵年輕族群加入新農民行列，同時引進以色列農業科技來提升高雄農業生產品質，讓高雄成為兩岸的冰箱。

二、傳統產業轉型升級：重點在協助金屬、石化、造船、食品加工、紡織等五大傳統產業能升級與轉型，朝品牌、客製、加值及低碳、低汙方向努力，使高雄傳統產業更具競爭力。

三、發展現代服務業：配合生活、生產活動的調整，積極發展現代化服務業，一方面可協助傳統產業轉型升級並帶動新產業引進，也可讓高雄居民享受更精緻，便利生活，著重在高技術服務業、會展、旅遊、文創、現代物流、金融，健康養生養老及相關生產服務業。

四、引進新興產業：配合國際趨勢發展規劃引進新能源（藻類生質能、光電，可燃冰、潮流能）、環保節能、海洋、新一代ICT產業（物聯網、區塊鏈、人工智慧、大數據、5G）、生物、機器人、及電動車零件等產業。

五、發展七大科技：生物科技（BT）、文化科技（CT）、能源及環保科技（ET）、新一代資訊通信科技（ICT）、海洋科技（MT）、奈米科技（NT）、機器人科技（RT）。

六、建立創新系統與園區經濟：強化產官學聯盟、增設科研機構、建立TLO機構協助技術引進等工作。

七、改善創業與投資環境：提供各項措施如土地、資金、技術、人力、科技金融及創業平台與孵化器等協助，讓創投與創客能集聚高雄。

八、完善人才培育與引進政策：人才是未來高雄發展的關鍵，內生外補是未來高雄產官學的工作重點。

本著在地人的熱心，個人提出三項方略：一個發展定位，六個分區，八項策略，是希望高雄經濟能像168三個數字諧音，一路發。

2018年12月03日 工商時報

3、給韓市長的五個高雄發展方向

　　民進黨在高雄市與高雄縣執政已超過五十年，其成果是讓高雄市從原來台灣老二地位淪為老三，只有「口號治市」，從海洋首都到宜居城市、幸福城市的「以市養市」，花錢的「擦脂抹粉」改變市容，無助招商與投資。韓市長在競選期間的政見或辯論會並沒有清楚說明如何規劃高雄讓高雄有效翻轉，個人認為高雄要從五個方向著手，高雄是有機會重拾台灣產業首都地位。

一、安全（Safety）高雄

　　民進黨執政期間，天災人禍不斷，給市民一個安全生活環境是執政者的天職，因此舉凡社會安全（福利）、公共（交通）安全、食品安全、氣候變遷與防災（防震），高雄市政府都應提出完善規劃來預應與及時協助民眾渡過災害和重建。

二、海洋（Marine）高雄

　　高雄是以港起家，但一直無有系統的海洋經濟規劃，只限縮在漁業、造船與觀光，若從國外都市的海洋經濟發展經驗，高雄能發展的空間相關大，如港口物流、海洋能源（可燃冰、生質能、潮流發電），海洋生物產業，進而可以提供高雄許多就業機會。

三、魅力（Attractiveness）高雄

　　高雄有山、有海、有港、有河，地形多變化，同時氣候宜人適合發展觀光旅遊產業、加上高雄有厚實傳統產業基底與眾多大學院校，具有招引外資來投資潛力，過去民進黨招商不力，主要在沒有好政策

來發揮高雄魅力，吸引廠商與其他都市民眾來投資與定居。

四、循環（Recycle）高雄

傳統產業高汙染是不爭的事實，高雄為台灣經濟付出極大代價，這些傳統產業在現在循環經濟的思考下，是可以做到零汙染與零排放，因此重整高雄傳統產業朝環境親和、資源節約方向努力，使高雄成為一個低碳、綠色、生態宜居城市。

五、科技（Technology）高雄

創意、創新是21世紀經濟發展的關鍵要素，從國外先進國家（都市）的經驗，生物科技、文化科技、能源科技、環保科技、資訊與通信科技、海洋科技、材料科技、奈米科技、機器人、航太科技，高雄是可依據自已未來產業發展與大學院校的發展方向來策劃科技高雄。

Smart Growth與Smart City是目前都市發展的兩個主流概念，Smart Growth強調將都市發展融入區域生態體系與社會和諧發展目標中，Smart City則強調運用新一代ICT顛覆技術在各項生活運用，使居民生活更舒適、便利、安全、低碳，而個人提出的五個高雄的第一個英文字母組合起來，正是SMART，五個高雄的想法與前述兩個概念是一致的，SMART中文可譯為智慧，個人闡釋未來高雄問題，將運用匯集眾人智慧來解決，眾志成城，高雄就能翻轉。

2018年12月31日 台灣公論報

4、借鏡競爭城市規劃，突破高雄發展盲點

　　日前媒體報導韓市長為突破高雄發展盲點，求教美國城市專家，是件可喜現象，對照上任後「開放大陸民眾來高雄買房」、「高雄開徵城市觀光稅」、「高屏大機場」幾項論述，讓人感覺韓市長仍然在競選中，只提政見想法，沒有城市整體規劃願景。

　　韓市長處境其實還是要歸咎在台灣選舉，縣市長候選人向來重視政見發表而非提出系統願景藍圖。候選人政見散沙一盤，大都無法聚焦，當然對縣市政長期發展就無助益，同時也無法創造財源與就業機會的投資，拚命花錢，做盡討好選民的事，縣市政的發展進步當然有限，也造成縣市負債累累，高雄負債近3,000億，但對整體經濟發展絲毫無助益就是最好寫照，因此個人非常希望韓市長要覺醒，給高雄提出具體願景藍圖。

　　高雄最迫切需要解決問題的是產業轉型發展、引進新產業與做好環境治理與空間改造，個人觀察東亞地區城市發展，中國大陸的廣州、深圳、寧波三個港市目前也正在轉型中，也出現一些成果令全球驚嘆不已；日本的川崎、北九州是都市產業轉型發展與環境改善成功城市，而福岡是日本的南方大城，與高雄在台灣地理位置相當，其近年來發展令人驚豔，神戶則是從災後重建，並成功轉型，大阪則重新定位副首都並提出其成長戰略；釜山是高雄姊妹市也是福岡姊妹市，從落後高雄到超越高雄的經驗也值得高雄取經學習，目前提出動感釜山2040，專注發展現代服務業；香港2030+一方面在進行香港空間擴展，一方面持續進行其經濟轉型來維持其成長動能，這些城市都屬港口城市，是高雄市的城市競爭對手，但也是標竿學習對象，前述城市發展資料在網路上，都可取得閱讀，供高雄借鏡。

　　九合一大選落幕，韓國瑜先生打了一場吸引全球華人矚目的選戰，戰果也令所有台灣民眾驚訝，大勝陳其邁十五萬張選票，因此許多市民在勝選後，非常盼望韓市長趕快拯救這個「又老又窮」的城市，就一位長期關心高雄市政發展市民，個人給韓市長的由衷建言，是趕快提出一個市政願景藍圖來彰顯自己有能力來領航高雄市。沒有願景的政見，只是花錢無助市政進步，更會債留子孫，個人觀察許多城市耀眼成功，都有一個具體願景藍圖，盼望韓市長在就任後，能立即重視此項工作，才不負近兩百八十萬市民託負。

2019年01月21日 台灣公論報

5、高雄市城市發展與產業轉型升級的新借鏡

高雄市長韓國瑜先生前些日赴中國大陸進行城市交流，前往四個城市，除廈門市，其他深圳、香港、澳門都在剛公布粵港澳灣區規劃中，粵港澳灣區規劃是中國大陸開放程度是最高也是最早的，也是目前經濟活力最強的區域。韓市長要拚經濟、拚發展可以花一些心力去理解此規劃內容，幫高雄民眾民與企業找到新的發展機會。

規劃內容全文二萬七千多字，重點在2035年，要全面建成宜居宜業宜遊的國際一流灣區，整體布局是透過極點帶動與軸帶支撐來構建廣州、深圳、香港、澳門四個中心的城鎮體系，進而帶動城鄉融合發展與影響泛珠三角區域發展，重要發展內容包括：建設國際科技創新中心（構建開放型區域協同創新共同體、打造高水準科技創新載體和平台、優化區域創新環境），加快基礎設施互聯互通（構建現代化的綜合交通運輸體系、優化提升資訊基礎設施、建設能源安全保障體系），構建具有國際競爭力的現代產業體（加快發展先進製造業、培育壯大戰略性新興產業、加快發展現代服務業、大力發展海洋經濟），建設宜居宜業宜遊的優質生活圈（打造教育和人才高地、共建人文灣區、構築休閒灣區、拓展就業創業空間、塑造健康灣區、促進社會保障和社會治理合作），提升市場一體化水準（推動對港澳在金融、教育、法律及爭議解決、等領域實施特別開放措施、支持廣州南沙建設全球進出口商品品質溯源中心、依法推動在粵港澳口岸實施更便利的通關模式、完善粵港、粵澳兩地牌機動車管理政策措施），攜手擴大對外開放，共建粵港澳合作發展平台，整體規劃內容相當有參考價值，值得高雄市進一步探索。

個人認為構建具有國際競爭力的現代產業體最值得拚經濟的高

雄市學習，這項單元內容重點歸納十六項，整理如下：一、推動互聯
網、大數據、人工智慧和實體經濟深度融合。二、推動製造業智能化
發展。三、支持裝備製造、汽車、石化、家用電器、電子資訊等優勢
產業。四、加快製造業綠色改造升級。五、推動新一代資訊技術、生
物技術、高端裝備製造、新材料等發展壯大為新支柱產業。六、發展
圍繞資訊消費、新型健康技術、海洋工程裝備、高技術服務業、高性
能積體電路等重點領域新興戰略產業。七、培育壯大新能源、節能環
保、新能源汽車等產業。八、從龍頭企業帶動作用著手，積極發展數
字經濟和共用經濟。九、促進地區間動漫遊戲、數位文化裝備、數位
藝術展示等數位創意與產業合作。十、大力發展第三方物流和冷鏈物
流。十一、推動珠三角九市軍民融合創新發展。十二、支持港深創新
及四個中心城市重大創新載體建設。十三、支持香港物流、香港科學
園、香港數碼港及五大研發中心。十四、支持澳門中醫藥科技產業發
展平台建設。十五、推動粵港澳遊艇自由行。十六、構建現代海洋產
業體系，這十六項政策某種程度也是高雄民眾與企業的發展機會，盼
望韓市長團隊能仔細學習，能做到高雄產業轉型有望，民眾就有機會
發財。

2019年05月11日 台灣公論報

6、三黨都輸的高雄補選

高雄市長補選一如眾人所料，陳其邁如願選上高雄市長，但從陳其邁的得票數與總投票數（投票率）來看，這一場補選其實是三黨都輸的結果。

首先看民進黨的陳其邁得票數為六十七萬多票，並沒有超越2018年市長選舉得票數七十四萬票，凸顯陳其邁連自己綠色票都沒有再次完全支持，同時六十七萬票與韓國瑜當選票數八十九萬票與被罷免的九十四萬票有一段大差距，會讓陳其邁在未來兩年任期面對更大的朝小野大議會生態壓力，若未處理好，陳市長兩年任期可能會一事無成，會影響陳市長與民進黨在高雄執政的可能性。

其次看國民黨的李眉蓁得票數二十四萬多票，足足差陳其邁近四十三萬票，連陳其邁一半都不到，顯示國民黨在此次選舉在戰略與戰術考量都不及格。可惜國民黨幻想高雄市民會再給國民黨一次機會，急就章推出不恰當人選，平白送民進黨一個舞台，讓民進黨在此次補選有空間操作，把此次選舉變成扒糞大賽，徒讓高雄市民對國民黨失望，也對補選產生厭倦感。

最後看民眾黨的吳益政得票數不到四萬票，凸顯民眾黨在高雄起不了作用，該黨在高雄要努力空間相當大。儘管黨主席柯文哲市長多次到高雄輔選，但高雄市選民不賣帳。柯市長若有警覺心，當可發現2024總統大選之路，不會那麼好走，民眾黨要想在高雄立足，就應好好在高雄深耕，廣結善緣，針對高雄在地問題提出論述，彰顯民眾黨比國、民兩黨更有執政能力。

高雄市長補選落幕，陳其邁如願完成十五年前的市長夢，個人觀察此次選舉，陳其邁一點都沒進步，沿襲2018年選舉老套，賣弄暖

男形象，仍沒提出對高雄完整的願景論述，連原先的七十四萬選民都未全部感動支持他，這對未來連任之路會有影響。

希望陳市長不要犯下韓市長的錯，不提市政願景規劃。同時這次選舉也透露出「罷免韓國瑜不等於挺陳其邁」。在野黨尤其是國民黨若願意深耕找對人，提出好的市政願景規劃，從最近幾次大選可看到高雄中間選民在二十八萬到三十五萬間，國民黨若給高雄人希望，高雄人就會熱情相挺，再給予執政機會。

2020年08月17日 聯合報

7、【一位高雄居民心聲】
四個理由，高雄輕軌不宜再建

甫上任的高雄市長陳其邁就急著要恢復輕軌興建，個人認為非常不智，輕軌是花錢的事，能緩則緩，眼前興利之事，如高雄「循環經濟產業園區」一直沒有進展，更需陳市長關注。個人認為輕軌興建應就此打住，如此對高雄未來交通影響才會是最小衝擊，除此之外，個人還有四項停建理由。

第一項理由是，韓國瑜前市長在2018年選舉，三民區、鼓山區能勝出，大順路輕軌沿線居民的投票，絕對是關鍵因素，陳市長若能停建，就是尊重民意，倘若陳市長繼續興建，可能種下2022年無法連任之關鍵。

第二項理由是，陳市長是個資深高雄人，應了解目前規劃的路線根本是昧於歷史的路線，昔日高雄鐵路的環線，是臨港線加上一段縱貫線所組合，更應知道昔日環線的平交道讓高雄交通處處打結，目前縱貫鐵路地下化，臨港線停駛讓高雄交通較過往舒暢，未來第二期輕軌除會將過往平交道恢復，同時再增加許多類似平交道，高雄人交通惡夢會再現，更會引發民怨。

第三項理由是，目前輕軌爭議的規劃路線從科工館站沿大順路到美術館站，確實沿線的大順路已在交通打結，尤其是上下班尖峰時刻，未來義大集團新百貨商城開張，更會增加此路線交通量，興建輕軌會減少車道，當然會影響未來車速，同時又會將高雄一條綠蔭道路破壞殆盡，陳市長不妨自行開車去體會一番，了解當地民眾或開車人的痛苦。

　　第四項理由是，停止興建輕軌不會有違約風險，目前提出新路線方案來替代，個人認為新路線並未解決未來交通混亂問題，只會製造另一群民眾的抗議，一點也不高明。其實任何工程規劃設計有問題，做變更設計是必要手段，工程數量當然會有增減，以完工數量計價是行規也行之多年，因此輕軌就此停建並無所謂違約問題。

　　目前輕軌問題肇因於台北來的規劃公司不但昧於歷史，同時並未實地履勘與居民溝通，高雄市政府也未善盡責任把關審查，讓錯誤路線定案，目前營運中第一期輕軌對高雄交通尚無重大衝擊，但第二期路線是絕對會發生。

　　因此，個人對輕軌的建議有二，一是從科工館站沿大順路到美術館站全面取消，二是輕軌的科工館站與美術館站與台鐵科工館站與美術館站整合，一樣成為環線，平面整合若不影響鐵路地下化沿線土地再利用是最省經費，若有影響則採地下化銜接，總之輕軌問題看似複雜，若從歷史角度與現實問題，答案就很清楚，希望陳市長劍及履及，展現新政。有錯誤就改正，是工程界常發生的事，知錯不改釀成民怨或民變，造成全民都輸，原本善政也會成暴政。

2020年09月13日 蘋果論壇

8、高雄再發生石化氣外洩，守護市民安全有何解方？

　　昨日高市前鎮區發生乙烯管線外洩，高雄市政府連開多天會議，到目前尚未找出確切外漏點，主因在三家石化企業的管線停用，當然會無從發漏氣點，解決方式是在三家管線沿線地區裝置臨時感應器，前鎮區興邦里附近可密集裝置，再充氣來找尋漏氣點，並做好安全警戒工作。

　　高雄市民應還記得六年前民國103年7月31日深夜，高雄市發生有史以來最嚴重的石化氣外洩氣爆事件，造成救災人員與市民353人死傷，目前再度發生乙烯外洩，顯示高雄市政府在管線管理與防災應變仍有不少缺失需要立即改善。

　　從媒體報導此次乙烯管線外洩，市府並未在第一時間就確認為乙烯，顯示市府的辨識能力仍未改善，同時市府也弄了半天才找到禍首仍是六年前肇禍的華運公司，顯示華運公司仍然未記取教訓，改善管線與做好安全管控。

　　由於華運有三條分別輸送到台氯、亞聚及台塑乙烯的管線，華運公司的安全管控機制，無法確認是哪一條外洩，市府只好要求三家業者全部停止送氣並排空管內氣體，以防發生氣爆。儘管此次未釀成氣爆災害，但看到高雄市政府依然不會督促相關業者運用較精密監測設施來做好及時安全管控，並經常進行管線維修。高雄市府雖然建置了「地下管線數位化管理系統」，但這套系統在經歷731氣爆與此次乙烯外洩事故，凸顯這套系統能力不足，需要大幅改善才能守護高雄市民生命財產安全。

　　石化氣基本上是從港口送往仁大工業區使用，高雄市若想一勞永逸解決地下工業管線問題，進行高雄產業空間調整才是根本之道，但

空間調整至少要十年以上時間，對市民的安全維護是緩不濟急。

個人認為高雄市政府要解決當前管理不善的短期治標之道有三項，第一項為建立所有石化氣圖譜，讓應變人員能在第一時間辨識氣體種類。第二項是要求所有管線商要加裝感應器在管線上，有外洩就能感應回報控制中心與維修機構在第一時間搶修。第三是高雄市政府的「地下管線數位化管理系統」也應配合智慧城市的智慧安全機制，大幅引進物聯網技術與未來5G技術，來提升危機應變管理能力。

刻下行政院已核定並公布「循環經濟推動方案」，此項計畫最大亮點為在高雄市進行「循環經濟產業園區」示範，同時也同意大林蒲與鳳鼻頭六里遷村，個人認為林園三輕鄰近五里，其實也類似大林蒲與鳳鼻頭六里受到汙染，「循環經濟產業園區」若不納入林園三輕鄰近五里，未來林園三輕鄰近五里也會像大林蒲與鳳鼻頭六里變成孤島，形成另一起民怨。

為一勞永逸，高雄市「循環經濟產業園區」最好是擴大範圍與林園三輕合併，並填海造地，就可容納高雄仁大石化園區遷出，整個石化管線，配合循環經濟生產流程，除減少長距離輸送耗損外，廠商更容易進行安全維護，同時民眾也不再有外洩驚慌不安之苦，因此高雄市政府應將「循環經濟產業園區」列為高雄市轉型首要工作，它不但可真正解決地下工業管線問題，同時也可促進高雄經濟發展與就業機會。

2020年09月18日　蘋果論壇

9、一石三鳥的高雄循環經濟產業園區

　　日前高雄石化氣外洩公安事件讓高雄人再度陷入六年前八一氣爆事件恐慌，高雄目前的石化管線基本上是供應高雄仁大石化區生產所需，仁大石化區不停產或遷廠，石化管線就會繼續使用，外洩意外隨時都有可能發生。高雄循環經濟產業園區的推動，若能將仁大石化區遷移納入，市區石化管線就可停用，仁大石化區所騰出土地將可提供高雄新興產業使用，同時配合遷廠，所有廠商將可依新製程與設施落實循環經濟，徹底改善高雄空汙的一石三鳥效益。

　　2018年底在網路看到國家發展委員會公布「循環經濟推動方案」，此項計畫最大亮點為在高雄市進行「循環經濟產業園區」示範，與賴前院長核定「大林蒲與鳳鼻頭六里遷村計畫」是相呼應，從目前懶人包的資料理解循環經濟的核心在建立新材料產業，運用四項策略來達成：循環技術暨材料創新研發專區、新循環示範園區、能資源整合與產業共生、綠色消費與交易，進而塑造高雄產業新空間。目前「循環經濟產業園區」的規劃內容是無法取得「第三鳥」效益。刻下高雄市的主力產業，基本上是石化、鋼鐵、電子、造船等產業，是高雄市就業機會的支撐點，也是高雄主要固定汙染源，因此，循環經濟的推動是有助於高雄生態環境改善，很高興看到中央政府有心要解決高雄臨海工業區臨近鄉里的汙染問題，但很遺憾從推動方案懶人包內容看不到這些重點。

　　未來「循環經濟產業園區」應針對高雄市兩個汙染源最大產業石化業與鋼鐵業著手，若排除這兩項產業生產改善，「循環經濟產業園區」就失去成立意義。台灣各式各樣產業都與石化業、鋼鐵業掛鉤，畢竟台灣資本家有許多是石化業、鋼鐵業出身，同時石化業、鋼鐵業

攸關許多新材料發展，因此也有可能引起新材料資本家關注，所以，新園區一定要將石化業、鋼鐵業生產改善納入，整體園區是用新的規劃概念，如生態工業園區的產業鏈整合、新的煉製技術與設備，加上新的生產安全管理計畫，同時設立石化國際物流專區與新材料研發中心，屆時高雄市石化業、鋼鐵業與新興材料產業會再成為台灣引領經濟發展的主力，帶動高雄另一次發展機會。

　　高雄市「循環經濟產業園區」主要在回應大林蒲與鳳鼻頭六里長期受到汙染，但林園三輕鄰近五里其實也類似大林蒲與鳳鼻頭六里受到汙染，「循環經濟產業園區」若不納入林園三輕鄰近五里，未來林園三輕鄰近五里也會像大林蒲與鳳鼻頭六里變成孤島，形成另一起民怨，為一勞永逸，高雄市「循環經濟產業園區」最好是擴大範圍與林園三輕合併，並填海造地就容納高雄仁大石化園區，也歡迎其他縣市有心從循環經濟再出發產業遷入，此舉仁大石化園區原土地將可規劃成另一科學園區，將可形成路竹、橋頭、仁大科學園區廊帶加上五輕轉型園區，將可充分供應高雄未來產業發展用地，高雄才有機會塑造產業新空間布局。陳市長剛上任不久，就碰上九一一石化氣外洩，要安市民之心，就請陳市長趕快推動絲毫無進度的高雄循環經濟產業園區。

2020年10月19日 台灣公論報

10、循環經濟園區,讓高雄再起飛

　　日前高雄林園區發生石化廠工安,引發當地居民抗議與不安,要求石化業遷廠。刻下林園三輕石化園區是台灣石化業主力,如果再遷廠,台灣石化業將無容身之地,中央政府與高雄市政府應好好妥善規劃。

　　國家發展委員會曾公布「循環經濟推動方案」,要在高雄市進行「循環經濟產業園區」示範,與賴前院長核定「大林蒲與鳳鼻頭六里遷村計畫」相呼應,個人認為此案若能與高雄產業空間調整配合,高雄市政府就能將環境治理、空間調整與產業升級轉型三大核心問題畢其功於一役。

　　高雄市「循環經濟產業園區」,主要在回應大林蒲與鳳鼻頭六里長期受到汙染,但林園三輕鄰近五里其實也類似大林蒲與鳳鼻頭六里受到汙染,「循環經濟產業園區」若不納入林園三輕鄰近五里,未來林園三輕鄰近五里也會像大林蒲與鳳鼻頭六里變成孤島,形成另一起民怨。

　　為一勞永逸,高雄市「循環經濟產業園區」最好是擴大範圍與林園三輕合併,並填海造地,除容納高雄仁大石化園區,也歡迎其他縣市有心從循環經濟再出發產業遷入。仁大石化園區原土地可規劃成另一科學園區,形成路竹、橋頭、仁大科學園區廊帶,加上五輕轉型園區,將可充分供應高雄未來產業發展用地,高雄才有機會塑造產業新空間布局。

　　目前高雄市的主力產業石化、鋼鐵、電子、造船等,是高雄市就業機會的支撐點,也是高雄主要固定汙染源,因此循環經濟的推動有助於高雄生態環境改善,很高興看到中央政府有心要解決高雄臨海工業區臨近鄰里的汙染問題,但很遺憾,推動方案看不到這些重點。

　　未來「循環經濟產業園區」應針對高雄市兩個汙染源最大產業石化業與鋼鐵業著手，若排除這兩項產業生產改善，「循環經濟產業園區」就失去成立意義。台灣各式各樣產業都與石化業、鋼鐵業掛鉤，畢竟台灣許多資本家是石化業、鋼鐵業出身，同時石化業、鋼鐵業攸關許多新材料發展，因此也有可能引起新材料資本家關注，因此新園區一定要將石化業、鋼鐵業生產改善納入，整體園區是用新的規劃概念，如生態工業園區的產業鏈整合、新的煉製技術與設備，加上新的生產安全管理計畫，同時設立石化國際物流專區與新材料研發中心，屆時高雄市石化業、鋼鐵業與新興材料產業會再成為台灣引領經濟發展的主力，帶動高雄另一次發展機會。

2021年02月04日　聯合報

十五、兩岸治理

1、南韓的南北關係，值得台灣借鏡

沒有「九二共識」的兩岸關係是愈來愈緊張，中華民國的邦交國又丟兩個國家，會不會像骨牌般一樣，一直地惡化下去，是不容蔡英文總統用義和團式的語言繼續欺騙國人，應盡速提出因應策略。

南韓一如中華民國，是處於不統一的分裂狀態，因此，致力和平與繁榮之朝鮮半島是文在寅政府的五大目標之一，由三大戰略、十六項政策來實現。

第一項戰略為推動堅強之國家安全與國防體制，包括有效因應北韓之威脅，加強防範能力、在鞏固韓美同盟之前提下，於執政之任期內，將韓國之作戰指揮權，自美軍手中交還給韓國、積極推動國防改革及國防文明化政策、剷除國防產業之貪腐行為，輔導其能符合第四次產業革命、保障軍人人權，大幅改善服役條件等五項政策。

第二項戰略為致力南北韓和平及朝鮮半島之非核化，涵蓋建構朝鮮半島新經濟地區，實現經濟藍圖、簽訂南北基本協定，重新整頓南北韓之關係、改善北韓人權，解決離散家族等人道問題、透過活絡南北韓之交流，致力南北韓關係之發展、擴大統一共識，推動統一國民協約、和平解決北韓核武問題，建構和平體制等六項。

第三項戰略為致力可以主導國際合作之積極外交，包含透過國民外交及公共外交，提升國益、加強推動與鄰近四國之合作外交、推動東北亞Plus之責任共同體、加強可以增加國益之經濟外交，致力推動合作發展，有效因應保護主義，增強策略性之經濟合作等五項政策。

南韓的南北關係戰略中除有效因應北韓之威脅，加強防範能力，在鞏固韓美同盟之前提下，於執政之任期內，將韓國之作戰指揮權，自美軍手中交還給韓國與和平解決北韓核武問題，這兩項政策不符合

我們國情外，其他十四項政策，基本上是可適用在兩岸關係，看待南韓政府積極致力維持朝鮮半島和平穩定，筆者認為目前執政民進黨是可好好深思。

從文在寅政府三大戰略、十六項政策不難發現目前蔡總統對兩岸關係的努力相當不足，南韓是朝一個統一的朝鮮半島在努力，對照蔡總統不遵循「國統綱領」朝一個統一中國的兩岸關係努力，當然會產生過去三年許多不必要的緊張關係，如近期發生中國大陸的觀光客不入台旅遊，邦交國斷交，這些狀況若再持續惡化，勢必會影響台灣經濟發展的成長與穩定，會讓台灣目前一些「小確幸」也不保。

蔡英文總統上任後，沒有「九二共識」的兩岸策略，雖然有提出多套說法，但始終無法讓對岸認同，讓兩岸關係從冷凍不往來，演變成拔邦交國衝突，因此，南韓的南北韓致力統一的論述，或許可以成為蔡總統沒有「九二共識」的替代說法，而前述的其他十四項政策值得蔡總統與挑戰大位的韓國瑜先生參考借鏡。

2019年11月25日 台灣公論報

2、掀兩岸產地標示戰，絕非智者

　　華爲在品牌店獨家開放用戶預購新旗艦Mate30 Pro，因華爲公司藉軟體更新，將通訊錄、台灣時區標示爲中國台灣，遭NCC下令五大電信禁賣，讓不少死忠「花粉」難過表示「可惜了好產品」，而蔡政府此舉會不會影響台灣廠商在台灣生產的產品，要標示中國台灣才能銷往大陸？如果成眞，台灣眞的得不償失。

　　2020年ECFA就實施十年，目前ECFA涉及的內容僅有原先協商的20%，但近十年來，中國大陸始終履行承諾，推動和保障了ECFA的生效和實施。兩岸經貿確實是因ECFA關係更加緊密，原先反對ECFA的蔡總統上任後，也一再表明要繼續維持ECFA架構下的經貿關係，畢竟這近十年中國大陸是一再讓利，讓台商獲利不少，也對台灣的外匯存底貢獻良多，2018年全年對大陸（含香港）出口1383.96億美元，增長6.3%，自大陸進口552.08億美元，同比增加7.1%。對大陸出口增量81.8億美元，兩岸貿易順差高達831.88億美元。

一、ECFA延續添變數

　　倘若中國大陸相關部門也針對「華爲事件」做回應，恐怕會給ECFA的延續增添變數，或是打起產地標示戰，恐衝擊台灣產品銷售大陸，屆時台灣對大陸的貿易順差，可能就會消失，會影響到台灣整體經濟安全。

　　商人經商有其理念，華爲要表現其兩岸是一家人，政府犯不著要管那麼多，台灣的「花粉」無法在台灣購買，不代表他無法買到Mate30 Pro，現在是數位經濟時代，「花粉」可以透過各種電商來購買包括手機各種產品，目前蔡政府不讓台灣代理商銷售Mate30 Pro，

只是讓未來買水貨的台灣消費者少了保固服務與售後服務，吃虧的還是台灣人，典型的損人不利己。

回首兩岸交流這四十年，早期台灣經濟底子強，亞洲四小龍之首，中華民國在台灣這個事實，是受對岸敬重，因此絡繹不絕前來台灣取經，因此當時稱中華民國（台灣）為中國台灣，台灣人不會覺得矮半截，我們的經濟實力可以讓台灣與中國大陸平起平坐，中國台灣個人一向認為是中華民國台灣的簡稱，《中華民國憲法》一中兩區不是已很明白呈現，在台灣講中國台灣就是中華民國台灣，連這種自信心都沒有，怎能大話說要維護中華民國主權。

二、中華民國就是中國

華為事件基本上要歸因於蔡政府拒絕「九二共識、一中各表」，中華民國台灣簡稱中國台灣，在台灣不能使用，真的是一件奇怪的事，在網路世界，許多知名企業的網站，都將台灣以中國台灣標誌。

以「九二共識，一中各表」為基礎，我們還可以稱中國台灣是中華民國台灣，不要「九二共識，一中各表」，中國台灣就成了中華人民共和國台灣。

「九二共識，一中各表」創造模糊空間讓ECFA誕生，創造台灣另一波經濟活泉，很遺憾《貨貿協議》與《服貿協議》無法如期完成，讓台灣經濟活泉中斷，無法讓台灣趕上中國大陸數位經濟的崛起，錯過布局中國大陸機會，蔡政府一再拒絕「九二共識，一中各表」，也讓產地標示爭議複雜化，非智者所為。

2019年12月11日 旺報

3、蔡總統應主動提出更前瞻的大陸政策

2020年1月美國智庫資深研究員羅伯特·布萊克威爾（Robert D. Blackwill）提出美國對中國大陸二十二項政策報告，其實羅伯特·布萊克威爾先生早在2015年就提出類似報告，2015年報告中，提出的對中國大陸政策有六項，而2020年的報告基本上是延續2015年的基礎去擴充，從2015年報告題目為"Revising U.S. Grand Strategy Toward China"，與2020年則為"Implementing Grand Strategy Toward China-Twenty-Two U.S. Policy Prescriptions"。若從題目名稱比較，但2020年比2015更可操作，若從政策數量二十二項會比六項更具體，當然操作性更強。

羅伯特·布萊克威爾2015年的六項對華政策為：振興美國經濟、深化亞洲經貿網絡關係、強化美軍實力、推動有效網路政策、增強印太夥伴關係、強化北京高層外交關係，六項對策顯示美國的對華政策也是一種綜合性戰略考量，二十二項政策內容大要：一、強化美國經濟、教育與基礎設施，二、持續透過美國民主影響中國大陸，三、美國人重新認識中國大陸，四、美國行政與立法部門攜手合作面對中國大陸，五、藉由知識產權保護美國高科技，六、增強美國AI、機器人、量子技術、半導體與生物技術，七、重視中國大陸在全球區域問題角色，八、強化歐盟關係，九、強化美軍島鏈軍事實力，十、要求北京種是對等，十一、重視現實中國作為，十二、香港與台灣問題，十三、網路安全，十四、重視中國大陸在美國境內活動，十五、平衡中國與歐盟狀態，十六、強化美國亞洲經濟力量，十七、與其他國家合作強化氣候變遷、貿易、國際安全、自由航行，十八、對俄關係，十九、朝鮮核武，二十、南海問題，二十一、

氣候變遷中美對話，二十二、建立更高層外交溝通；可以發現2020年報告基本上是2015年版的延伸，但涵蓋面更廣，包括香港與台灣問題。

二十二項中第三項美國人重新認識中國大陸，最令我感慨，台灣二十年來漸進式去中化，讓台灣民眾對中國大陸尤其是年輕人變得非常陌生，要對抗中國大陸但不知中國大陸，犯了兵家之大忌，不知敵，是會把台灣帶入險境，台灣民眾再次選擇蔡總總連任，蔡總統更應負責任提出一項能安民心的大陸政策，才不辜負民眾之所託。

美國離中國大陸有上萬公里遠，但美方如此緊張中國大陸的崛起，而一再提出對中國大陸政策報告，對照我們台灣離中國大陸只有一百三十公里，但我們政府對中國大陸卻沒有相當有份量的論述，如果蔡總統近期對英國媒體專訪八個字「和平、對等、民主、對話」與任何時候都無法排除戰爭的可能性，台灣已做好軍事準備。同時，如果攻打台灣，中共將付出巨大的代價是其大陸政策，此項訪問是表現出蔡總統辣台妹形象，但更將台灣推進戰爭邊緣，個人認為蔡總統是非常不負責任，因此個人建議國安會、外交部、陸委會應好好參考這兩份報告向蔡總統提出台灣有前瞻的大陸政策，讓台灣有一個安全穩定的兩岸關係。

2020年02月24日 台灣公論報

4、芬蘭模式，兩岸關係的新思考

　　芬蘭在二次世界大戰後，何以不被前蘇聯併吞或成為其附庸國，從最近台灣出版的新書《動盪》，或許可以找到答案，就是戰後芬蘭兩位總統朱赫·巴錫基維（Juho Paasikivi）、烏何·凱特寧（Urho Kekkonen）推動一項外交政策，這項政策讓前蘇聯感到安心，同時信任芬蘭，也就是凱特寧總統在其自傳所述──芬蘭外交政策的基本任務，是讓芬蘭的存在與支配芬蘭地緣政治者的利益一致。

　　芬蘭政府一直秉持這兩位總統的路線，時時掛記前蘇聯的態度，經常與前蘇聯官員對話，證明芬蘭能信守承諾與履行協議來贏得前蘇聯信任，當然這過程中，就需犧牲一些經濟上的獨立與言論自由，對於其犧牲一些經濟上的獨立與言論自由，西歐與美國的觀察家將這種情勢簡化為「芬蘭化」（Filandization），認為芬蘭的政策卑怯懦弱，但芬蘭政府與人民並不認同此種論述，正是這條線的堅持，其具體成果就是前蘇聯（現今俄羅斯）沒有再入侵芬蘭。

　　芬蘭的陸境與俄羅斯是連結在一起，俄軍是可長驅直入，前蘇聯與芬蘭先後發生兩次大戰役，原本寄望西歐國家與美國協防，但都沒有到位，讓芬蘭孤軍奮戰，第一次是成功擊退俄軍，但芬蘭死傷慘重，第二次俄軍就成功進入芬蘭境內，但俄軍避免如同第一次的傷亡也迅速撤軍，這也就是二戰後，蘇聯向芬蘭要求大量賠償金額主因，兩次大戰役中，芬蘭犧牲大約10萬人，另有9萬4千人成殘障，3萬婦女成寡婦，5萬5千兒童成孤兒，61萬5千人流離失所，這也就是芬蘭兩位總統巴錫基維、凱特寧要推動避戰外交政策主因。

　　儘管芬蘭是二次大戰敗戰國，要對蘇聯付出大量賠償金，但芬蘭全國上下在巴錫基維、凱特寧兩位總統領導下，致力教育建設，成功

提高芬蘭人民素質，為工業化與創新經濟建立基礎，同時也重視國家研發能力提升，讓芬蘭成功成為西方國家技術進入蘇聯的窗口，芬蘭也把握與西方國家友好情況，將西方國家民生物資成功引入前蘇聯，讓芬蘭經濟能成功發展，也順利償返大量賠償金，芬蘭2018年人均國民總收入為4萬7,820美元，芬蘭如此成功處理好強權關係並發展其經濟，估且稱為芬蘭模式。

讀完《動盪》一書中芬蘭與蘇聯之戰這一章，個人的感受是如果中華民國兩岸政策的基本任務，是讓中華民國的存在與支配台灣地緣政治者的利益一致，台灣就能避開軍事對抗與威脅，因此個人認為「九二共識，一中各表」最能符合此項訴求，尊重中華民國存在的事實，就是承認兩岸同屬一中，兩岸就能攜手協商未來的一中發展。

再回頭閱讀芬蘭智庫Sitra 2003年出版〈Why they, Why not we〉報告，分析俄羅斯與芬蘭競爭力，表明芬蘭經濟發展是重視俄羅斯這個強權國家，希望藉由俄羅斯的天然資源、龐大人口及科技來持續強化芬蘭競爭力，芬蘭在強權國家邊緣，但會藉他國之長處，來發展自己，不正是台灣好好借鏡的標竿學習對象。

2020年03月13日 台灣公論報

5、中國國民黨不應放棄九二共識

2020總統大選，中國國民黨因戰略與戰術都不當，竟大敗於毫無政績的蔡政府，許多檢討聲音接踵而來，包括放棄「九二共識，一中各表」，個人認為中國國民黨新領導團隊如果採納，絕對是一種自掘墳墓的行為，作為中華民國肇建政黨，不敢認同一個中國就是中華民國的主張，真的愧對中國國民黨的創黨先賢與先烈。

個人認為「九二共識，一中各表」是能讓中國大陸放心與信任台灣的兩岸政策，非常近似二次大戰戰後，芬蘭兩位總統朱赫・巴錫基維（Juho Paasikivi）、烏何・凱特寧（Urho Kekkonen）推動的外交政策，這項政策讓前蘇聯感到安心，同時信任芬蘭情境，凱特寧總統在其自傳所述──芬蘭外交政策的基本任務，是讓芬蘭的存在與支配芬蘭地緣政治者的利益一致，因此「九二共識，一中各表」，基本是符合中國大陸利益。

1992年兩岸官方授權的民間組織海協會與海基會，在香港會談及其後函電往來，所達成的非正式共識，通稱「九二共識」，但當年並未認真去執行，直到2008年馬英九上任後，提出「九二共識，一中各表」兩岸打開冰封狀態，開始密切交流，2008年到2015年兩岸兩會共舉行十一次高層會談，簽署包括海峽兩岸關於大陸居民赴台灣旅遊協議、海峽兩岸空運協議、海峽兩岸食品安全協議、海峽兩岸海運協議、海峽兩岸郵政協議、海峽兩岸共同打擊犯罪及司法互助協議、海峽兩岸空運補充協議、海峽兩岸金融合作協議──銀行、證券期貨及保險業（含海峽兩岸經濟合作架構協議金融部分）、海峽兩岸金融合作協議──貨幣清算、海峽兩岸漁船船員勞務合作協議、海峽兩岸農產品檢疫檢驗合作協議、海峽兩岸標準計量檢驗認證合作協

議、海峽兩岸經濟合作架構協議（ECFA）、海峽兩岸智慧財產權保護合作協議、海峽兩岸醫藥衛生合作協議、海峽兩岸核電安全合作協議、海峽兩岸投資保障和促進協議、海峽兩岸海關合作協議、海峽兩岸服務貿易協議（尚未生效）、海峽兩岸氣象合作協議、海峽兩岸地震監測合作協議、海峽兩岸避免雙重課稅及加強稅務合作協議（尚未生效）、海峽兩岸民航飛航安全與適航合作協議等二十三項協議，這二十三項協議，基本上就是「九二共識，一中各表」成果最佳寫照。

　　或許可以推論「九二共識，一中各表」讓中國大陸感到安心，同時信任馬政府，除二十三項協議，也同意台灣以觀察員身分，參與一些國際會議，對照蔡英文第一任任期內，兩岸並無任何協議洽談，也屢屢被拒絕參與一些國際會議，個人觀察主因在蔡政府不認同「九二共識，一中各表」，無法取得對岸的信任。

　　沒有「九二共識，一中各表」，兩岸關係急速冷凍而互不往來，可能會把過去兩岸二十多年來，雙方交流協商累積成果化為烏有，對兩岸關係和平穩定發展與務實解決兩岸人民權益是毫無助益，蔡政府近四年兩岸協議掛零便是明證，「九二共識，一中各表」是讓中國大陸放心的兩岸政策，「一中各表」是中國大陸善意的表現，承認中華民國在台灣治理的事實，同時也完成二十三項協議，盼望國民黨新任江主席要牢記中國國民黨是中華民國創建者，不要任意拋棄「九二共識，一中各表」，放棄守護中華民國之責。

2020年04月20日 台灣公論報

國家圖書館出版品預行編目資料

公共事務：洞悉社會議題，汲取各國智庫
／鄭博文著.－－初版.－－臺北市：五
南圖書出版股份有限公司, 2021.10
面；　公分
ISBN 978-626-317-184-8（平裝）

1.公共行政　2.行政管理　3.文集

572.907　　　　　　　　110014915

4R10

公共事務：
洞悉社會議題，汲取各國智庫

作　　　者 — 鄭博文

發 行 人 — 楊榮川

總 經 理 — 楊士清

總 編 輯 — 楊秀麗

主　　編 — 侯家嵐

責任編輯 — 侯家嵐、吳瑀芳

文字校對 — 許宸瑞

封面設計 — 王麗娟

出 版 者 — 五南圖書出版股份有限公司

地　　址：106台北市大安區和平東路二段339號4樓

電　　話：(02)2705-5066　傳　　真：(02)2706-6100

網　　址：https://www.wunan.com.tw

電子郵件：wunan@wunan.com.tw

劃撥帳號：01068953

戶　　名：五南圖書出版股份有限公司

法律顧問　林勝安律師事務所　林勝安律師

出版日期　2021年10月初版一刷

定　　價　新臺幣300元